L'ASTRO NARRANTE

VERGINE

23 agosto - 22 settembre

Guida astrologica con consigli psicologici, grafologici, musicali, cine-letterari, enogastronomici, di home décor e segreti astronomici.

a cura di Silvia Casini

greenWo

Della stessa collana:

L'astro narrante. Ariete
L'astro narrante. Toro
L'astro narrante. Gemelli
L'astro narrante. Cancro
L'astro narrante. Leone
L'astro narrante. Bilancia
L'astro narrante. Scorpione
L'astro narrante. Sagittario
L'astro narrante. Capricorno
L'astro narrante. Acquario
L'astro narrante. Pesci

Prima edizione: aprile 2019

via Giovanni Antonelli, 44 – 00197 Roma
tel. 06.39366384 – email: info@leggereditore.it
Il marchio Leggereditore è di proprietà
della Sergio Fanucci Communications S.r.l.
Indirizzo internet: www.leggereditore.it

Stampato in Italia – Printed in Italy

Progetto grafico: One Digital Factory Srl

L'ASTRO NARRANTE

VERGINE

Tutti noi abbiamo un'origine comune,
siamo tutti figli dell'evoluzione dell'universo,
dell'evoluzione delle stelle,
e quindi siamo davvero tutti fratelli.
(Margherita Hack)

INDICE

INTRODUZIONE

Dite la verità, quante volte vi è capitato di guardare il cielo, magari durante la notte di San Lorenzo, e vedere una stella cadente, pensando subito a un desiderio da esprimere?

A TAVOLA CON LE STELLE

Tutto è nato per gioco e per caso. Esattamente quando *Il gusto speziato dell'amore* è stato pubblicato per Leggereditore. Nel romanzo, Stella, la protagonista, associa gastronomia e stelle, perché è nel passato, agli albori della civiltà, che troviamo il collegamento tra il cibo principe, ovvero il pane, e l'astronomia. In pratica, secoli fa, il sorgere eliaco della Vergine indicava agli agricoltori il momento del raccolto. Infatti, in cielo, la Vergine regge nella mano destra una fronda di palma, mentre nella sinistra tiene una spiga di grano, un chiaro riferimento al pane. Quindi, da sempre l'umanità, il firmamento e il cibo sono in stretto contatto. Ecco perché ho deciso di dar vita a questo ricettario astrale.

Tra l'altro, le stelle manifestano la potenza di Dio e l'osservazione astronomica è sempre stata una mia passione, tant'è che al Planetario di Roma all'Eur (chiuso ormai da anni, spero riapra presto!), nonché presso quello mobile a Technotown, la ludoteca tecnologica e scientifica a Villa Torlonia, ho seguito diversi incontri e spettacoli assieme ad astrofili e amanti dei corpi celesti, per ottenere indicazioni utili sulle stelle, avere uno sguardo d'insieme sulla volta celeste e al contempo prendere nota delle contaminazioni esistenti fra l'astronomia e gli altri ambiti della cultura, quali l'arte, la letteratura e la storia. Così, mi sono ritrovata spesso e volentieri a passeggiare tra miti e leggende, che non hanno fatto altro che rivelarmi che il cielo è davvero una miniera inesauribile di scoperte e di storie da raccontare: a noi il gusto di scovarle; agli astronomi quello di appassionarci. Dal mio canto, sono stata stregata dalle parole dell'astronomo Stefano Giovanardi, e ogni volta che posso presenzio ai suoi eventi, perché sono educativi, interessanti e affascinanti. L'ho sentito conversare su coordinate celesti, costellazioni, astri, pianeti, nebulose, galassie, comete, asteroidi e supernove. Sono persino riuscita a esplorare il firmamento al telescopio grazie alle sue indicazioni.

E, dite la verità, quante volte vi è capitato di guardare il cielo, magari durante la notte di San Lorenzo, e vedere una stella cadente, pensando subito a un desiderio da esprimere? Sapete perché esiste questo nesso? Il motivo è etimologico e storico allo stesso tempo. Nell'antichità, infatti, l'uomo osservava la volta celeste per misurare il tempo e analizzava la posizione degli astri per orientarsi durante la navigazione. In sostanza, al buio le stelle costituivano dei veri e propri punti di riferimento. La notte era considerata tenebrosa, tant'è che il termine 'notte' deriva dal latino 'nox', la cui radice *nac* rimanda a 'sparire', ma anche a 'morire'. 'Stella' invece è la forma sincopata di 'sterula' e proviene dalla radice *star*, ovvero 'stendere', 'spargere'. Le stelle, quindi, erano 'cose sparse e luminose'. E per quanto concerne la parola 'desiderio' deriva dal latino 'de-sidus', letteralmente 'mancanza di stelle', ossia assenza di punti di riferimento. Di conseguenza, esprimiamo un desiderio quando rimaniamo da soli al buio, senza l'aiuto prezioso di punti di riferimento. Ecco perché crediamo, da sempre, che le stelle cadenti siano di buon auspicio: perché sono la luce che squarcia l'oscurità.

Così, incrociando l'argomento astronomico con quello gastronomico, ho finito per ideare questo ricettario astrale al fine di enfatizzare il binomio culinario-scientifico, anche perché l'astronomia, che precede di molto la storia scritta, ha finito per permeare la nostra cultura in modo capillare. Dall'arte alla religione, alle tradizioni popolari, alla cucina, e chi più ne ha più ne metta, non c'è settore dell'attività umana in cui non abbia lasciato le sue tracce.

D'altronde, la nostra realtà è un po' come un piatto di spaghetti al pomodoro: possiamo mangiare la pasta, assaporarne il sugo, odorare il basilico, ma non possiamo sapere se lo chef di turno abbia aggiunto un ingrediente segreto alla ricetta di base; un ingrediente invisibile ai nostri occhi, ma pur sempre importante nell'equilibrio dei sapori. Stessa cosa vale per l'universo, dove ci sono cose visibili e invisibili.

In poche parole, stupore, esplorazione, sperimentazione e apprendimento. Ecco di cosa consta il binomio cucina e astronomia. E scavando più a fondo si possono persino scoprire diverse sfaccettature interessanti. Ad esempio, sapete che per molti secoli astronomia e astrologia camminarono di pari passo? In buona sostanza, in Occidente le prime tracce di conoscenza astronomica e astrologica risalgono alle civiltà mesopotamiche dei Sumeri, dei Babilonesi e soprattutto dei Caldei. È con Tolomeo che si avrà un approccio più rigoroso e scientifico. Sarà lui ad analizzare i movimenti degli astri, dando grande importanza ai cicli naturali e al susseguirsi delle stagioni, e introducendo il concetto di segno zodiacale. Anche nel mondo greco non mancarono figure di spicco che trattarono l'osservazione dei cieli con rifermento sia all'astronomia che all'astrologia, mentre a Roma l'astrologia fu respinta con fermezza, perché portata dagli schiavi provenienti dall'Oriente. Infatti, nel 139 a.C. gli astrologi (denominati 'caldei') vennero persino espulsi dalla città, e Catone il Censore e Cicerone si espressero contro di loro. L'astrologia tornò popolare a Roma con Giulio Cesare (che scelse il toro come insegna delle sue legioni, in onore di Venere, l'antenata della sua gens e pianeta domiciliato nel segno del Toro) e venne tenuta in grande considerazione a partire dall'età di Augusto.

Infatti, proprio Augusto fece coniare alcune monete raffiguranti il Capricorno a cui era associato il suo nome, e favorì in tutti i modi la diceria secondo cui era destinato a diventare, dopo la morte, uno degli astri più brillanti del cielo.

In seguito, Marco Manilio (vissuto a cavallo tra il I sec. a.C. e il I sec. d.C.) con il trattato *Astronomica* descrisse l'origine del cosmo e dei corpi celesti, elencando le caratteristiche dei segni zodiacali e ponendoli in relazione con le parti anatomiche del corpo umano. In pratica, inaugurò la tradizione dell'astrologia medica.

Con il Cristianesimo, però, l'Occidente si schierò contro gli astrologi, gli aruspici e gli indovini, perché non accettava che fosse l'influsso dei pianeti a sostituire la scelta individuale di compiere il bene o il male. Dopo la fine dell'Impero romano, l'astrologia sopravvisse grazie agli astrologi arabi e si iniziò a studiare l'uso delle piante e delle spezie in associazione con i pianeti e i segni zodiacali.

E con le traduzioni dei testi arabi, a partire dal XIII secolo, ricomparve l'interesse per l'astrologia anche in Europa, ma è con il lavoro di Niccolò Copernico, di Keplero e di Galileo Galilei, tra il XV e il XVI secolo, che l'astronomia arriverà a una svolta decisiva, prima con l'affermazione del modello eliocentrico, poi con l'invenzione del cannocchiale, divenuto poi telescopio, strumento indispensabile per osservare più da vicino i cieli. Di conseguenza, le strade di astronomia e astrologia iniziarono a separarsi definitivamente. Infatti, con l'Illuminismo e la crescente fiducia nella scienza, l'astrologia subì un drastico declino: fu declassata a superstizione, semplificata in almanacchi popolari e privata di qualsiasi validità.

Così, mentre da un lato l'astronomia compiva passi da gigante con l'individuazione di nuovi pianeti (Urano fu scoperto nel 1781 da William Herschel, Nettuno nel 1846 da Johann Gottfried Galle, Plutone nel 1930 da Clyde Tombaugh) e nuovi metodi di analisi della materia celeste (spettrografie, parallasse, fino alla teoria della relatività di Einstein del 1915), l'astrologia veniva relegata al mondo dell'occultismo e dell'esoterismo. Solo verso la fine dell'Ottocento, con la rivalutazione delle discipline sapienziali, l'astrologia venne ripresa in considerazione negli ambiti scientifici, statistici e finanziari.

A oggi, c'è una profonda distinzione tra astronomia e astrologia. L'astronomia è la scienza che studia gli astri, i loro movimenti e i fenomeni a essi collegati, mentre l'astrologia viene ritenuta alla stregua di una pseudoscienza che, basandosi sull'oroscopo e sulla misurazione delle posizioni e dei movimenti dei corpi celesti rispetto alla Terra, sarebbe in grado di indicare gli influssi sugli eventi umani collettivi e individuali. In pratica, gli astronomi continuano a guardare in alto per carpire i meccanismi dei moti delle stelle e dei pianeti, mentre gli astrologi persistono a rintracciare i mille indizi degli influssi celesti.

Ma che abbiate un approccio scientifico o meno, ha poca importanza, perché astronomia e astrologia fanno comunque parte del bagaglio umano. Infatti, l'importanza dell'astronomia nelle prime civiltà è testimoniata dall'imponenza delle testimonianze rimaste: enormi strutture costruite esclusivamente per scrutare il cielo. Anche se in origine lo studio degli astri aveva una connotazione di natura religiosa e politica, perché il firmamento era visto come la casa degli dèi, o comunque come l'aldilà, in seguito gli studi astronomici maturarono una valenza più pratica e vennero impiegati per organizzare la produzione agraria (il momento della semina e del raccolto) o la navigazione marittima. Per molti secoli l'Orsa Maggiore e l'Orsa Minore furono, di fatto, gli unici punti di riferimento per seguire le tratte commerciali nel mar Mediterraneo. E se ci pensate bene, anche l'astrologia ha senso, perché le antiche credenze astrologiche sono tuttora necessarie per comprendere simboli e allegorie nella storia dell'arte e della letteratura.

Quindi, da sempre il firmamento ha fatto parte del consorzio umano, anche se veniva considerato come un luogo ignoto, ricco di segni da interpretare. Era fascino, castigo divino, presagio, ma ciò che più colpisce è che dalla notte dei tempi, i fenomeni astrali hanno rivestito un'importanza fondamentale tanto da permeare nella nostra cultura. Prendiamo ad esempio il nome dei giorni della settimana. Che la loro origine, in tutte le lingue europee, sia legata agli astri erranti, ovvero agli oggetti celesti che anche a occhio nudo appaiono muoversi rispetto alle stelle fisse, non c'è alcun dubbio. Consideriamo il lunedì, il giorno della Luna, il martedì, il giorno di Marte, il venerdì, il giorno di Venere, ecc... Fanno eccezione il sabato e la domenica, che però in Inglese conservano ancora l'antica forma di *saturday* (giorno di Saturno) e *sunday* (giorno del Sole).

Per giunta, spesso in chimica o fisica, quando si parla di una miscela di elementi o dell'atmosfera di un pianeta, si usa il termine 'ricetta' per indicarne la composizione. E se vogliamo dirla tutta, i laboratori degli scienziati assomigliano molto ai tavoli degli chef.

In pratica, non è da pazzi ritenere che tra stelle e cibo ci sia uno stretto legame. Ad esempio, che dire della sezione aurea che in astronomia si esprime in galassie a spirali e non solo? Sapete che molti cuochi hanno cucinato prendendo spunto dalla sequenza di Fibonacci o dalla costante di Fidia? Ne è un caso lampante Davide Scabin, il patron del ristorante *Combal.zero* a Rivoli, che ha analizzato a fondo il numero d'oro, tanto da applicare in cucina la famosa sequenza numerica (che identifica le perfette proporzioni e si ritrova ovunque in natura, dalle conchiglie agli uragani), creando piatti in grado di rientrare nei rettangoli aurei. Ebbene sì... le emozioni 'stellari' e 'planetarie' sono ovunque!

È per questo motivo che, partendo dalla mia passione astronomica e culinaria (nata leggendo i meravigliosi libri della scrittrice e food blogger Raffaella Fenoglio, che vi invito caldamente a sbirciare, perché sono ricchi di ricette sfiziose, originali e salutari), nonché dalla diffusa opinione astrologica, secondo cui al momento della nascita ognuno di noi viene iscritto in un dato segno zodiacale in grado di influenzare il nostro umore, il nostro carattere, i nostri legami sentimentali e la nostra performance lavorativa, ho dato vita a questo ricettario astrale come un *divertissement*, un gioco curioso, mescolando nozioni astronomiche, conoscenze astrologiche, preparazioni culinarie e arricchendo il tutto con un pizzico di fantasia.

Sì, lo so che a livello scientifico i segni zodiacali non esisterebbero, in quanto costellazioni formanti un disegno immaginario, ma all'atto pratico esorcizzano le inquietudini del futuro, rassicurando parecchie persone. Quindi ho unito astronomia, astrologia e gastronomia, ma d'altronde, non essendo né un'astronoma né un'astrologa né una cuoca, non aspettatevi un trattato scientifico. Il mio non poteva che essere una sorta di esercizio di stile, un modo singolare per assaporare le stelle a tavola e al contempo gustare i cibi volgendo lo sguardo verso l'alto.

In fondo, tutti noi abbiamo bisogno di un pizzico di magia o comunque di una buona stella che ci guidi verso la retta via. Di conseguenza, anche se le costellazioni furono ideate dagli antichi astronomi per orientarsi nell'osservazione dell'universo – ad oggi avrebbero perso la corrispondenza che un tempo avevano con i segni zodiacali, perché la precessione degli equinozi, fenomeno dovuto al moto della Terra, sta lentamente spostando la visualizzazione degli astri (per giunta, le costellazioni dello Zodiaco non sarebbero neanche dodici, ma tredici, considerando la costellazione dell'Ofiuco, e probabilmente quattordici, dato che anche quella della Balena rientrerebbe in parte nella fascia zodiacale) –, ho voluto comunque rendere omaggio al cielo in tutte le sue mille sfaccettature, perché in definitiva siamo tanti cuori erranti che camminano su questa Terra senza libretto di istruzioni. C'è chi prega Dio, chi le stelle, chi la luna, ma tutti noi abbiamo bisogno di protezione.

OCCHI PUNTATI AL CIELO

LA COSTELLAZIONE DELLA VERGINE

La costellazione della Vergine (*Virgo* in latino) che si trova tra il Leone a ovest e la Bilancia a est, e può essere trovata facilmente grazie alla sua brillante stella α, Spica. Si tratta di una stella di un colore azzurro intenso, facile da localizzare: basta seguire il timone del Grande Carro verso Arturo e continuare la curva. Di fatto, la costellazione si trova a cavallo dell'equatore celeste, a nord della coda dell'Idra e del Centauro, e domina i cieli da febbraio fino a luglio. Contiene al suo interno alcune stelle molto luminose. Con un'estensione di 1294 gradi quadrati di volta celeste, è la seconda costellazione più estesa del cielo, dopo l'Idra. Storicamente fu associata al periodo dei raccolti, come la mietitura (da cui deriva il nome della stella Spica. È visibile dopo il tramonto verso ovest in estate e rappresenta una spiga di frumento in mano alla Vergine) e la vendemmia (da cui deriva, ad esempio, il nome della stella gialla Vindemiatrix).

Le stelle principali della Vergine sono:

- γ Virginis (Porrima), una stella doppia di colore giallastro;
- ζ Virginis (Heze), un astro bianco;
- δ Virginis (Minelauva) una stella gigante di colore rosso vivo;
- β Virginis (Zavijava) un'altra stella gialla;
- 70 Virginis, che ha un sistema planetario con una massa di 6,6 volte quella di Giove.

La Vergine ospita, inoltre, alcune stelle doppie, un gran numero di stelle variabili e parecchie galassie, grazie alla presenza dell'Ammasso della Vergine, il più vicino e ricco ammasso di galassie, la cui osservazione è favorita anche dalla distanza della scia luminosa della Via Lattea. Si trova verso la parte settentrionale della costellazione, in direzione del confine con la Chioma di Berenice. Tra le più prominenti spiccano M49, una galassia ellittica visibile anche con un binocolo in condizioni ottimali, M58, una galassia a spirale e M87, denominata anche Virgo A, che potrebbe possedere fino a 15.000 ammassi globulari e dal cui nucleo parte un potente getto di materia, probabilmente generato da un buco nero supermassiccio. Una spirale notevole, che però non fa parte dell'ammasso, è la galassia Sombrero, nota anche come M104, che si trova a circa 10° a est-sud-est di Spica, nella parte meridionale della costellazione, quasi al confine con il Corvo. È una delle galassie più fotografate del cielo, nonché una delle più osservate, specie in ambito amatoriale. Altre galassie luminose si osservano sul bordo meridionale, verso l'Idra, e a est, verso il confine con il Serpente.

Nella Vergine sono presenti anche diversi sistemi planetari, fra cui un pianeta di tipo roccioso che orbita attorno alla nana rossa Ross 128, celebre per essere una delle stelle più vicine alla Terra.un sistema planetario molto remoto, fra cui duenane rosse, una con un gigante gassoso e un'altra con una super Terra. PSR B1620-26 è invece una pulsar situata all'interno dell'ammasso globulare M4, che possiede un pianeta, soprannominato 'Matusalemme', con una massa doppia rispetto a quella di Giove.

MITOLOGIA

Non si sa di preciso a quale figura mitologica sia associata la Vergine. Negli secoli, è stata associata a molte delle divinità femminili più celebri, tra cui Astarte-Ištar, Cibele, Demetra, Iside, Atena, Tiche, Astrea e così via. Secondo una versione, la costellazione raffigura Astrea, la vergine figlia di Zeus e della dea Temi. Astrea era conosciuta come la dea della giustizia (e per questo, lo strumento della giustizia, la Bilancia, si trova lì vicino).

Secondo la leggenda, amministrava il mondo in modo saggio, finché gli uomini diventarono così intrattabili che si ritirò nei cieli con disgusto.

Secondo un altro mito sarebbe Erigone che, sedotta e abbandonata da Dioniso, si suicidò dopo la morte del padre Icario.

Spesso la Vergine è associata anche con Persefone, perché la costellazione è principalmente visibile nei mesi primaverili, quando si pensava che la dea fosse uscita dal mondo delle ombre. Si dice che si dovette ritirare nell'oscurità per conservare la purezza, simbolo di bellezza e con l'aiuto della Bilancia, giustiziera cosmica, ritornare a essere centro universale.

In Egitto, si venerava una dea che teneva in braccio un fanciullo: era Iside, che veniva raffigurata talvolta alata e velata, mentre dal suo capo sbocciava un loto, simbolo dell'illuminazione. Nella mano destra teneva il sistro, a significare il suono, la parola, e nella sinistra un acquamanile, per alludere alla sua funzione di distributrice di acqua fecondante, ovvero di vita nuova. Stringeva in mano delle spighe di grano, emblema del ciclo perenne di vita e morte; fiaccole che alludevano alla luce spirituale di cui era

dispensatrice e serpenti, anch'essi collegati al ciclo di vita, morte e resurrezione; infine lo scrigno mistico dell'iniziazione.

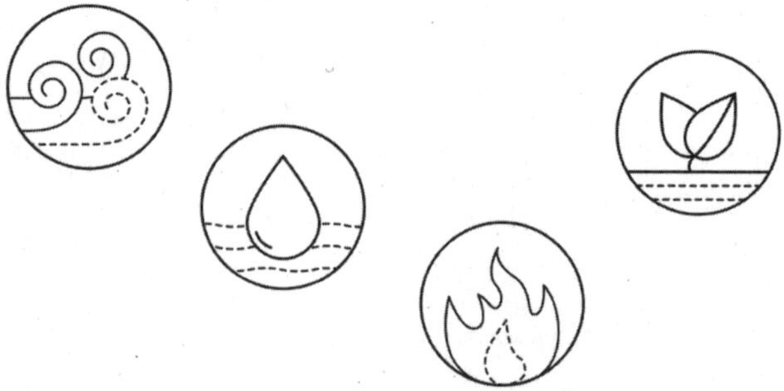

I QUATTRO TEMPERAMENTI

Mentre si deve a Ippocrate (460–377 a.C), sulla base di concezioni arcaiche preesistenti, lo sviluppo della teoria dei quattro umori (sangue, bile gialla, bile nera, flegma), la cui mescolanza armonica o squilibrata nel corpo umano era in grado di determinare la salute o le malattie, fu il medico Galeno (129–201) a trasformarla in una scienza dei temperamenti umani.

Egli separò gli elementi primordiali elencati da Aristotele nel *De generatione et corruptione* (fuoco, aria, acqua, terra) dalle loro qualità intrinseche come il caldo, il secco, il freddo e l'umido, ordinandoli in un sistema matematico in cui ciascun principio poteva essere messo in relazione con i pianeti dell'astrologia.

Da considerare che il significato di pianeta in astrologia è diverso da quello concepito dall'astronomia, perché oltre alle sue caratteristiche fisiche e matematiche, come l'orbita e altre proprietà calcolabili, viene considerato anche il suo significato simbolico.

L'UOMO ZODIACALE

Il rapporto fra astrologia e medicina fu teorizzato in epoca babilonese e nell'antico Egitto, come testimoniato da Tolomeo nel *Tetrabiblos*, dove lodava gli antichi Egizi per aver collegato le due discipline, paragonando le previsioni che l'astrologo compiva alle diagnosi mediche.

In seguito, dai tempi della Grecia classica fino al tardo Rinascimento, si sviluppò la teoria dell'influenza degli astri non solo sul destino dell'uomo, ma anche sulle sue patologie, e si concretizzò l'immagine del cosidetto 'uomo zodiacale o uomo anatomico' (*homo signorum* per i latini), secondo cui ogni segno zodiacale trovava una collocazione precisa in una parte anatomica del corpo umano. Questa dottrina venne denominata 'melotesia zodiacale'.

La diagnosi medico-astrologica indicava, quindi, le diverse malattie a cui un individuo nato sotto un determinato segno poteva essere predisposto, mentre quella terapeutica prescriveva farmaci e dettava regimi alimentari in funzione del tempo astrale. Il medico-astrologo, di conseguenza, doveva padroneggiare il quadro astrologico del paziente (dal tema natale alla carta astrologica nel momento della cura), ma anche conoscere i tempi astrali più propizi per cogliere le piante e preparare i medicamenti necessari, perché si credeva che fossero anch'essi dotati di proprietà terapeutiche variabili in base alle congiunzioni planetarie e alle fasi lunari. Lo stesso discorso valeva per le pietre di cui alcuni medici-astrologi si servivano per la confezione di talismani, amuleti e sigilli, recanti l'immagine dei segni zodiacali o dei pianeti in base alla natività del paziente.

Nel Rinascimento soprattutto, questo tipo di medicina, basata sull'astrologia e sulla magia naturale, che con le dottrine astrologiche in quest'epoca si fuse alla perfezione, riscosse molto successo.
E stando a questa specie di direttive 'medico-astrologiche', la Vergine domina l'intestino e il plesso solare. Come per i Gemelli, la Vergine è governata da Mercurio che influisce sul sistema nervoso.

Una bellissima illustrazione dell'uomo zodiacale o uomo anatomico si trova nel manoscritto *Très riches heures* del Duca di Berry. Infaticabile costruttore di palazzi e di castelli, fu un collezionista e un mecenate senza pari. Amava soprattutto i manoscritti miniati, perché rappresentavano un vero e proprio segno di distinzione aristocratica. Per questo non badò a spese pur di avere al suo servizio i più importanti miniatori del tempo, ovvero i fratelli Pol, Jan e Herman di Limbourg.

E come tutta la famiglia reale dei Valois, era talmente affascinato dall'astrologia che decise di includere nel manoscritto, dopo l'elenco delle preghiere da recitare in ogni periodo dell'anno, una raffigurazione astrologica in grado di rappresentare le corrispondenze tra le varie parti anatomiche e i segni dello Zodiaco, con tanto di iscrizione riportante i caratteri, i punti cardinali e i temperamenti degli stessi.

L'Ariete, il Leone e il Sagittario erano considerati caldi e secchi, collerici, mascolini, orientali. Il Toro, la Vergine e il Capricorno freddi e secchi, malinconici, femminili, occidentali. I Gemelli, l'Acquario e la Bilancia caldi e umidi, mascolini, sanguigni, meridionali. Il Cancro, lo Scorpione e i Pesci freddi e umidi, flemmatici, femminili, settentrionali.

β

DI ASTRI, AMORI IMPOSSIBILI E MAGIA GALATTICA

Intervista a Stefano Giovanardi

Per saperne di più sul mondo astronomico, ho intervistato Stefano Giovanardi, astronomo e curatore scientifico del Planetario e Museo Astronomico di Roma, per il quale è autore di oltre trecento spettacoli ed eventi di divulgazione e didattica dell'astronomia. Laureato con lode in Astronomia all'Università di Bologna, ha svolto attività di ricerca presso lo Space Telescope Science Institute di Baltimora e la Columbia University di New York, e ottenuto il master in comunicazione della scienza alla Sissa di Trieste. Ha lavorato per l'Istituto Nazionale di Astrofisica e collaborato con diversi programmi televisivi (*Uno Mattina, RaiNews24, Geo&Geo, C'è Spazio, Il mondo insieme*), radiofonici (*Radio 3 Scienza*) e riviste (*l'Astronomia, Darwin*). Dal 2006 al 2009 ha fatto parte del nucleo operativo del Gruppo di Lavoro Interministeriale per la Diffusione della Cultura Scientifica e Tecnologica. La sua attività di divulgazione scientifica si avvale di collaborazioni artistiche e multidisciplinari nella ricerca di formati innovativi per la comunicazione della scienza: progetto AStroconcert, passeggiate e viaggi astronomici, produzioni teatrali. È co-scopritore del pianetino near Earth 1994QC.

In buona sostanza, se avete voglia di scoprire luoghi di polvere di stelle, leggende divine e meraviglie invisibili, leggete le sue risposte. Solo così potrete godere a pieno della poesia che l'universo ci regala ogni giorno, ogni notto. Solo così, potrete capire perché è davvero importante alzare gli occhi al cielo.

Guardando il cielo si possono osservare diverse sagome disegnate tra le stelle che narrano di antiche leggende. Quali sono le più suggestive? Quali i miti e gli eroi celesti più celebri? E soprattutto... come nascono le stelle?

Il cielo è pieno di incredibili suggestioni per l'immaginazione di ogni persona. Guardando le stelle ognuno può rimanere letteralmente incantato dalla sensazione di avere a che fare con qualcosa di trascendente rispetto alla nostra piccola dimensione umana. Sulla volta celeste possiamo rileggere storie e leggende antichissime, oppure trasferirvi le nostre: in fin dei conti le costellazioni non esistono, sono soltanto un'invenzione della fantasia, perciò chiunque è del tutto libero di crearsi le proprie. Fra quelle "classiche", trovo particolarmente belle e suggestive il Cigno, il Toro, Orione, Cassiopea, e ancora il Delfino, lo Scorpione, e per scendere nel cielo australe il Centauro e l'antica Nave Argo. Fra i miti celesti trovo affascinante quello di Andromeda, che raccoglie le stelle di una vasta parte del cielo autunnale, disponendosi su ben sei costellazioni. Adoro in particolare la figura dell'eroe Perseo, celebrata da una costellazione elegante e ricca di astri interessantissimi.

Le stelle nascono dalla contrazione di immense nubi di gas idrogeno, al cui interno si formano nuclei sempre più densi e caldi, che possono crescere fino a dare luce a nuove stelle. Letteralmente: quando la densità e la temperatura raggiungono valori elevatissimi - parliamo di 15 milioni di gradi! – gli urti fra atomi di idrogeno diventano così violenti da fonderli fra loro producendo un atomo di elio, più luce: quella che fa accendere una nuova stella.

Da sempre, la luna ha ispirato artisti, poeti, viaggiatori, sognatori, ma quali sono le leggende più evocative ispirate al magico astro della notte?

Ogni civiltà del nostro pianeta ha trovato ispirazione nella Luna come protagonista di miti e leggende. Nella mitologia greca troviamo la storia di Selene e Endimione, il pastore di cui lei – divina e quindi immortale – si era innamorata. Per amore chiese a Giove l'immortalità anche per Endimione: questi gliela concesse, ma alla condizione che il pastore dormisse per sempre. Così Selene con la sua luce scendeva di notte ad accarezzare il suo innamorato, che però trovava perennemente addormentato. Una specie di Bella Addormentata al contrario. Una delle leggende più curiose viene invece dall'estremo oriente: in Cina è ambientata la vicenda di Chang'e, la moglie dell'imperatore del cielo, Sheng'i. Anche questa storia ha a che fare con l'immortalità: un giorno che il marito era uscito a caccia, Chang'e trova in uno dei suoi cassetti una strana pillola bianca. All'improvviso il marito rientra in casa e lei, colta di sorpresa, ingoia la pillola per non essere scoperta. Ma quella era la pillola dell'immortalità, e non appena la regina la ingoia comincia a fluttuare nell'aria, sollevandosi fino alla Luna. Disperato, Sheng'i cerca di raggiungerla, e chiede aiuto agli dei che lo portano in alto fino al Sole. Nel frattempo, Chang'e arrivata sulla Luna risputa la pillola, che toccando il suolo lunare si trasforma in un coniglio bianco e saltella via. Ogni mese, Sheng'i ritrova Chang'e quando in cielo il Sole e la Luna si avvicinano, specialmente durante le eclissi di Sole.

Senza dubbio il firmamento ha un lato profondamente romantico. Quali grandi storie d'amore si nascondono tra le stelle?

Il cielo è talmente intriso di storie romantiche che al Planetario avevamo prodotto un intero spettacolo dedicato al racconto dei grandi amori nascosti tra le stelle di tutte le stagioni: Il cielo degli innamorati. Oltre alle vicende amorose fra Venere e Marte, le costellazioni ci tramandano l'amore eroico di Perseo per Andromeda, che lo porterà a sfidare il mostro marino Cetus per salvarla. Oppure la storia di Berenice, moglie del faraone Tolomeo: per ottenere dagli dei che lo lasciassero tornare sano e salvo da una guerra offrì in sacrificio la sua splendida chioma, per la quale era ammirata in tutto il regno. Quando la chioma scomparve dal tempio dove era stata deposta, Tolomeo – tornato vincitore – si infuriò e condannò a morte i sacerdoti: fu soltanto l'intervento dell'astronomo di corte a indicargli il luogo del cielo dove i capelli della regina erano stati portati nella notte da Giove stesso. Da allora nel cielo di primavera riconosciamo la costellazione della Chioma di Berenice. In estate invece ai lati della Via Lattea brillano due splendide stelle: Vega e Altair. In Giappone rappresentano Tanabata e Hikoboshi, la figlia dell'imperatore del cielo e il pastore del suo gregge: si erano innamorati perdutamente, ma si ritrovarono separati dalle acque impetuose del fiume celeste (la Via Lattea), e soltanto una volta all'anno – il 7 luglio – se le acque si calmano i due amanti possono riabbracciarsi. Nel nord Europa invece sono le aurore boreali le protagoniste di un mito d'amore: la figlia del re del cielo, Lindu, cerca un compagno per sposarsi e rifiuta prima il Sole (troppo costante), poi la Luna (troppo variabile) ma infine s'innamora delle aurore e del loro splendido velo di luce. Ma le aurore, imprevedibili, non si presenteranno in cielo il giorno del matrimonio e Lindu, disperata, lancerà fra le stelle il suo abito da sposa (di nuovo la Via Lattea).

C'è una frase tratta dal film Un tocco di zenzero di Tassos Boulmetis che mi ha sempre colpita. E' questa: «Il nonno diceva che la parola gastronomo racchiude la parola astronomo" e in quanto tale, le mie lezioni di astronomia prevedevano l'uso delle spezie». Che può dirci del binomio tra alimentazione e astronomia?

Molto acuta l'osservazione! In effetti su astronomia e gastronomia, con una sola g di differenza, ci si può divertire a lungo a scherzare. Io dico sempre che nella vita di tutti i giorni l'astronomia è citata ovunque, per la strada, ma sempre con una g davanti. In passato, naturalmente, questo binomio aveva una natura strettissima e funzionale alla pratica dell'agricoltura. Erano le stelle a indicare i momenti più adatti per la semina e il raccolto: proprio per questo da quando divenne stanziale, l'uomo cominciò a studiare attentamente il cielo. L'esempio più famoso è l'apparizione mattutina di Sirio, che avveniva in coincidenza con le piene del Nilo in Egitto, dunque con il momento in cui le terre si fertilizzavano. Ancora oggi i contadini tengono conto degli aspetti del cielo per svolgere alcune operazioni nei campi.

Un'altra bellissima citazione, tratta sempre da Un tocco di zenzero è «Lassù, nel cielo, ci sono cose che possiamo vedere... ma ci sono anche cose che non possiamo vedere. Parla sempre delle cose che gli altri non possono vedere. Alla gente piace ascoltare le storie di cose che non possono vedere. Lo stesso vale per il cibo: a qualcuno importa se non si vede il sale quando il cibo è saporito? Certo che no! Ma la sostanza sta nel sale». Cosa le piace narrare dell'(in)visibilità della volta celeste?

Questa è una domanda stupenda! Al di là dell'aspetto più classico del cielo stellato, quello delle costellazioni e dei pianeti, pressoché tutta l'astrofisica contemporanea riguarda corpi celesti che rimangono del tutto invisibili a occhio nudo. Non a caso per espandere la nostra concezione dell'universo e delle sue dimensioni oltre il sistema solare si è dovuto attendere l'introduzione del telescopio, e soltanto da neppure cent'anni sappiamo che l'universo si estende ben oltre la nostra galassia. È proprio questa la "magia" moderna del cielo: permette di intuire profondissimi spazi – per dirla con Leopardi - e di raccontare eventi smisurati come i grandi cataclismi cosmici delle supernovae e dei buchi neri che si fondono fra loro, estraendoli dal puro silenzio delle notti stellate.

Nel grande girotondo del cielo stellato, quante sono le costellazioni dello Zodiaco? Le loro caratteristiche?

Se chiedete a un astronomo come me, le costellazioni dello Zodiaco sono 13. Sorpresa: ce n'è una – l'Ofiuco – che gli astrologi si sono dimenticati. O forse hanno deliberatamente escluso, chissà perché. Nei fatti, il cammino che il Sole descrive tra le stelle ogni anno, ossia l'eclittica, attraversa anche questa costellazione, collocata fra lo Scorpione e il Sagittario. Addirittura, il Sole impiega ben 18 giorni per attraversarla, mentre ad esempio nello Scorpione rimane soltanto 6 giorni. Al contrario, nella Vergine, che è la più grande delle costellazioni zodiacali, il Sole resta ben un mese e mezzo. Insomma, lo Zodiaco astronomico è assai differente da quello, puramente simbolico, dell'astrologia, che ormai con l'aspetto del cielo reale ha ben poco a che fare. Poiché le costellazioni non esistono, ma raggruppano insieme stelle che nello spazio tridimensionale non hanno fra loro niente a che fare, l'unica caratteristica che mi piace evidenziare di queste costellazioni è la loro bellezza ed evidenza all'occhio. Lo Scorpione è di gran lunga la più appariscente e verosimile: assomiglia davvero tanto a uno scorpione! Anche il Toro, i Gemelli, il Leone hanno un aspetto riconoscibile e in qualche modo nobile. Il Sagittario è uno scrigno per chi osserva il cielo perché contiene il centro della galassia, e una moltitudine di stelle, ammassi e nebulose da far invidia a tutto il resto dello Zodiaco. I Pesci sono delicati e sfuggenti. Per disegnare l'Ariete i nostri antenati potevano impegnarsi decisamente di più. Ma la più scialba è senza dubbio il Cancro, completamente privo di stelle brillanti e infatti ormai del tutto scomparso dai cieli delle città. Peccato: è proprio il mio segno zodiacale!

Secondo la teoria dei temperamenti di Ippocrate (melanconico, flegmatico, sanguinico, collerico) siamo un po' figli delle stelle. Concorda?

Sicuramente. Ippocrate non poteva saperlo, ma figli delle stelle lo siamo realmente. E letteralmente: ogni singolo atomo che compone il nostro corpo – il calcio delle ossa, il ferro del sangue, il carbonio su cui si basa tutta la chimica organica, l'ossigeno che respiriamo solo per fare degli esempi – è stato prodotto, chissà quanto tempo fa, dentro una stella. Senza le stelle, l'universo sarebbe composto soltanto di idrogeno, elio, e un po' di litio. E noi non ci potremmo essere. Sono le stelle più massicce a sintetizzare tutti gli elementi chimici più pesanti del ferro con le reazioni nucleari che avvengono nei loro nuclei. Quando esplodono, rilasciano nello spazio circostante la loro materia, arricchita di elementi pesanti che finiscono prima o poi a formare nuove stelle e pianeti... e i corpi degli esseri viventi. Perciò è senz'altro vero che, guardando le stelle, almeno dal punto di vista chimico, stiamo guardando i nostri genitori.

È nel passato, agli albori della civiltà, che troviamo il collegamento tra il cibo prìncipe, ovvero il pane, e l'astronomia. In pratica, secoli fa, il sorgere eliaco della Vergine indicava agli agricoltori il momento del raccolto. Infatti, in cielo, la Vergine regge nella mano destra una fronda di palma, mentre nella sinistra tiene una spiga di grano, un chiaro riferimento al pane. Quindi, da sempre l'umanità, il firmamento e il cibo sono in stretto contatto. Di conseguenza, a livello culinario-astrale esiste uno stretto collegamento esistente tra stelle, segni zodiacali e aromi. Può rivelarci una chicca (g)astronomica?

Restiamo pure sulla Vergine: il riferimento al pane e al grano è proprio nel nome della sua stella più luminosa, Spica, cioè la spiga che lei raccoglie con la mano sinistra durante la primavera. Il bello è che la stella che indica l'altra mano, la destra, si chiama Vindemiatrix: qui si intuisce un chiaro riferimento alla vendemmia e al vino, spostando l'azione all'autunno. Insomma a seconda delle versioni con cui è raffigurata, questa costellazione sembra dedicata a ricordare il rapporto fra cielo e cibo durante l'arco di tutto l'anno. Aggiungiamo ora il primo dei pianetini, che fu scoperto da padre Giuseppe Piazzi il 1 gennaio 1801 dall'osservatorio di Palermo: in onore della

Sicilia lo chiamò Cerere, la dea protettrice delle messi e dei raccolti, da cui viene anche la parola cereali. Se dovessi preparare un piatto astronomico, prendendo spunto dalle mie origini romagnole, certamente vi proporrei i passatelliti in brodo!

Quando lo Zodiaco è stato creato dagli antichi Greci, alle persone erano associate le costellazioni che al momento della loro nascita si trovavano dietro al sole. Ma, adesso, quelle costellazioni sono sfasate di un mese. Ciò sarebbe dovuto al processo di "dondolamento" della Terra, definito scientificamente "precessione". Praticamente nessuno di noi è del segno zodiacale a cui crede di appartenere, in quanto il calendario astronomico non è stato aggiornato mentre la nostra posizione in rapporto ai corpi celesti si è modificata con il tempo. Corretto?

Per la verità, le costellazioni zodiacali sono ancora più antiche e risalgono ai Babilonesi; tuttavia è vero che la precessione degli equinozi – una lentissima oscillazione dell'asse terrestre, simile a quella di una trottola, che si svolge in 26000 anni – ha completamente sfalsato la posizione del Sole lungo lo Zodiaco rispetto ai tempi in cui i segni astrologici furono codificati. Oggi alla nostra data di nascita il Sole non si trova più nella costellazione che indica l'astrologia, ma in quella precedente: per verificarlo, basta utilizzare una qualunque applicazione o software che simula l'aspetto del cielo impostando la data del proprio compleanno. In altre parole, se proprio si vuole leggere un oroscopo, conviene consultare quello del segno precedente al proprio. Tanto non significa niente!

La magia della notte di San Lorenzo, con le sue meteore infuocate e desideri è sempre un fenomeno cosmico molto atteso, ma la verità è che la pioggia delle Quadrantidi è tra le tre più abbondanti di tutto l'anno, insieme alle Perseidi di

agosto e alle Geminidi di dicembre. Da dove vengono e dove vanno le stelle cadenti?

Le stelle cadenti per fortuna non sono stelle. Se ci cadessero davvero addosso le stelle sarebbe una tragedia! Invece si tratta di minuscoli granuli di polvere, grandi come un granello di sabbia e provenienti dai nuclei delle comete. In particolare, sono il pulviscolo che un tempo costituiva le loro code: ad ogni ritorno vicino al Sole, le comete si consumano e liberano gas e polvere, che danno loro l'aspetto elegante che conosciamo, formando la chioma e la loro lunga coda. Dove vanno a finire tutti quei frammenti? Si disseminano lungo l'intera orbita della cometa, e se nel suo giro attorno al Sole la Terra incrocia l'orbita della cometa allora ogni anno finirà per raccogliere nell'atmosfera una manciata di questo pulviscolo cometario. Al contatto con gli strati più densi dell'atmosfera terrestre, i frammenti si disintegrano in un lampo di luce, quello di una stella cadente. Anche gli asteroidi, scontrandosi fra loro, producono sciami di frammenti che possono intercettare di tanto in tanto la Terra: spesso le stelle cadenti di origine asteroidale sono formate da piccole rocce che possono dare luogo alle meteore più luminose e spettacolari, i bolidi. E sono proprio questi frammenti più consistenti che talvolta sopravvivono all'attraversamento dell'atmosfera e, pur consumati, arrivano al suolo dove cadono come meteoriti.

Come riconoscere le stelle principali anche dalla città dato l'inquinamento luminoso?

L'inquinamento luminoso purtroppo è una vera piaga per chi cerca di osservare il cielo in città. Fra l'altro, rappresenta un gigantesco e inutile spreco di luce, di energia e di soldi: perché lo paghiamo tutti, senza nemmeno farci caso. Da questo punto di vista, l'Italia è ormai il Paese più sprecone del mondo! Ogni singolo anno che passa, buttiamo alle stelle – è il caso di dirlo – circa 500 milioni di euro sotto forma di inquinamento luminoso. In questo scenario sconcertante, sicuramente il modo migliore per riconoscere le stelle è recarsi in un planetario, che offre ormai il cielo stellato più bello della città. Oppure scaricare sul proprio smartphone una qualunque delle innumerevoli applicazioni che forniscono la mappa del cielo visibile in ogni direzione intorno a noi, identificando stelle, pianeti e costellazioni. Attenzione, però: deve essere attivo e ben funzionante il Gps del telefonino, altrimenti la mappa non si orienta correttamente rispetto al cielo e può dare indicazioni completamente sbagliate.

Tra tutti panorami siderali osservati in compagnia di stelle, costellazioni, pianeti e galassie, quale meraviglia celeste esercita su di lei un fascino particolare? Perché dovremmo alzare gli occhi al cielo?

Ci sono tre cose che ho visto in cielo, nell'arco della mia vita, che mi hanno particolarmente emozionato: la visione delle aurore boreali, durante un viaggio in Lapponia nel 2013, quella di un'eclisse totale di Sole, da Salisburgo nel 1999, e quella della cometa Hyakutake, con una coda lunga 120° – si estendeva per 2/3 del cielo! – dal Monte Carpegna nel 1996. Queste sono tutte osservazioni fatte a occhio nudo, che per essere apprezzate al massimo non richiedevano altro che essere lì, nel momento giusto, e alzare lo sguardo al cielo: di buoni motivi per guardare verso l'alto ce ne sono innumerevoli, come i mondi che ruotano attorno ad altre stelle e che solo ora cominciamo a scoprire, o come le stelle della nostra galassia ciascuna delle quali può regalarci una vista incantevole della propria luce colorata, o come tutte le galassie sparse nell'universo, che nessuno finirà mai di contare ma fra le quali non ne troveremo due uguali. E poi c'è la sfida di immaginare tutto ciò che non si vede, ma che permea l'universo e ci racconta la sua storia in maniera completamente nuova: raggi cosmici, onde gravitazionali, e chissà, i profumi delle spezie aliene su un lontano pianeta ancora da scoprire.

EMOZIONI ASTRALI

Essendo la dimora di Mercurio, il pensiero è centrale. Spesso la critica esteriore della Vergine è accompagnata da una forte autocritica.

Il segno della Vergine è il sesto dello Zodiaco e il suo elemento è la terra.Il tempo della Vergine è quello che conclude l'estate e precede le stagioni fredde: un tempo per raccogliere ciò che si è seminato e raccolto, riflettere, progettare.

Questo segno mi ricorda la solerte formichina della favola di Esopo: mentre la cicala dorme e si riposa, la formica sgobba tutto l'anno per raccogliere il cibo destinato ai mesi freddi.

Infatti, la Vergine oltre che una caparbia lavoratrice, capace di portare avanti i progetti con grande abilità, è anche cauta e prudente.

Il perfezionismo, la cura dei dettagli è la personale ossessione dei nati sotto questo segno: sebbene in certi contesti questo atteggiamento non risulti proprio simpatico, per i Vergine è molto importante, perché vogliono ottenere il massimo da tutto. Si dice 'spaccare il capello in quattro', ma se fosse per la Vergine si potrebbe spaccare in cinque, in sei, in sette.

La loro implacabile voglia di perfezione e precisione le fa mostrare come persone fredde e con la mania del controllo verso gli altri e il mondo circostante. Questo tuttavia, non è proprio vero, in quanto la Vergine soffre molto del fatto che ha difficoltà a lasciarsi andare alle emozioni.

Proverbiali per il loro ordine, non sempre esteriore, ma soprattutto interiore, la Vergine è un'amica fidata: infatti, è capace anche di grandi privazioni per far felice chi ama. Il senso del dovere di questo segno è molto forte, anche al di sopra dell'interesse personale.

Essendo la dimora di Mercurio, il pensiero è centrale. Spesso, se non sempre, la critica esteriore della Vergine è accompagnata da una forte autocritica.

La carta dei tarocchi di questo segno è il Sei di Denari: il Sei rappresenta l'armonia e la bellezza, i Denari l'elemento terra. La terra si fa sentire per la loro pragmatica concretezza. Il loro bisogno di avere tutto nel posto giusto al momento giusto è un dono, e il loro realismo spesso disarmante è necessario per riuscire a portare a compimento ciò che si prefissano.

Questa carta rappresenta la condivisione, ovvero, il mettere al servizio degli altri le varie cose conquistate per creare gioia ed equilibrio, grande capacità dei nati del segno. Ma tutto questo ha un rovescio, in quanto se si dà troppo alla fine si rimane 'prosciugati', fisicamente ed emotivamente, di ciò che siamo e di ciò che abbiamo ottenuto nella nostra vita.

Il consiglio che sento di dare ai nati di questo segno riguarda la più grande paura che si portano dietro, ovvero quella di commettere errori, di sbagliare in ciò che fanno.

PICCOLO CONSIGLIO:
errare è umano e voi non siete esenti da questo!
Ricordate che sbagliare è essenziale: sperimentare
oltre che seguire le regole è il sale dell'esistenza umana.
Imparate col tempo ad andare per 'prova ed errore',
e riuscirete a placare la vostra voce interiore
che vi rimprovera così spesso.

A cura di Maria Carla Zampieri

PER ASPERA AD ASTRA

Lasciatevi affascinare dall'analisi del simbolismo del segno zodiacale della Vergine per poter scoprire qualcosa di più sulla natura di questo magico segno d'acqua.

La Vergine è un segno caratterizzato da una serie di elementi che possono anche entrare in contraddizione tra loro. Infatti, è un attento osservatore della realtà e insieme un pronto risolutore di problematiche diverse; cerca e cura i dettagli – perché siano definiti e 'perfetti' – e li sa organizzare finalizzandoli ad obiettivi concreti. Lo spirito analitico di cui è dotato e il desiderio di rendersi utile e di acquisire il maggior numero di competenze, lo inducono a fermarsi sul particolare fino al punto di risultare, talvolta, ossessivo e quasi maniacale. Il glifo (dal greco *glýph*, ovvero incidere) della Vergine ha un significato preciso. Lasciatevi affascinare dall'analisi del simbolismo grafico-astrale del glifo della Vergine per poter scoprire qualcosa di più sulla natura di questo magico segno di terra.

Il glifo si presenta articolato in una serie di segni rettilinei e curvilinei che formano arcate con angoli al vertice e una forma ovale, chiusa, che va a confluire alla base dei tratti verticali con due curve finali che si prolungano una all'interno e l'altra all'esterno.

L'angolosità, presente e comune a tutti i vertici, simbolicamente esprime una tendenza a cercare con tenacia e quasi con ostinazione i

dettagli di ogni evento; l'ovale chiuso rimanda all'esigenza di raccogliere le energie necessarie per portare a compimento ogni azione intrapresa con uno sguardo volto al passato e al futuro.

Dal punto di vista grafologico possiamo rintracciare alcuni segni significativi quali **Aste Rette, Angoli B, Parallela, Curva**.

Aste Rette indica determinazione nelle scelte senza lasciarsi condizionare da influenze esterne e senza cedere a compromessi; risulta esigente con sé stesso e verso gli altri e poco incline a giustificare e compatire.

Angoli B esprime una tendenza a ricercare puntualmente le ragioni delle cose e delle situazioni, con una tenacia che può divenire puntigliosità e difficoltà ad accogliere le istanze altrui.

Parallela predilige schemi e categorie di riferimento da cui si libera a fatica, cerca l'ordine, la precisione e la puntualità fino alla pedanteria.

Questi segni, in combinazione con altri, rispecchiano alcune caratteristiche della **Vergine** quali una spiccata tendenza all'osservazione e all'analisi, la cura dei dettagli e la concretezza del pensiero e dell'azione

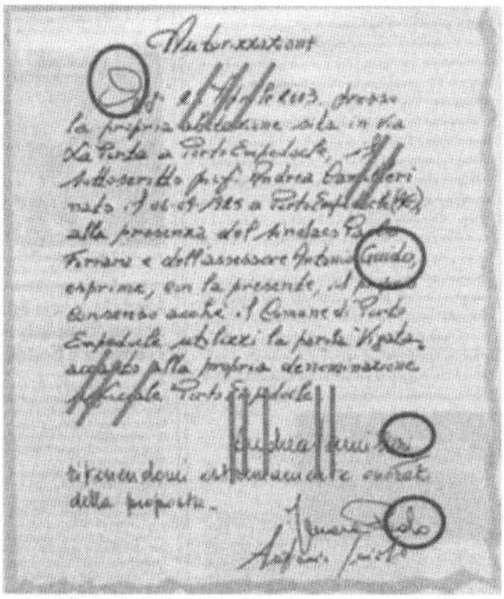

Andrea Camilleri
nato il 6 settembre 1925

ESEMPLIFICAZIONI DI GRAFIE

Grafia di Andrea Camilleri

In questa grafia la presenza di **Aste Rette** (linee oblique) accompagnata da Curva delinea apertura mentale e ampiezza di comprensione dell'ambiente. Il **Parallela** (linee verticali) indice di ordine e di tendenza alla rigidità, combinato con il **Curva** (cerchi) trasforma la rigidità in rettitudine del pensiero e in onestà del comportamento. La scrittura, inoltre, appare ben impostata nello spazio grafico, chiara nella leggibilità e curata nella formazione delle singole lettere.

L'amplificazione delle iniziali maiuscole conferisce all'insieme una maggiore morbidezza estetica, rivelando, nel contempo, una personalità consapevole di sé e delle proprie capacità senza indulgere a eccessi di auto affermazione.

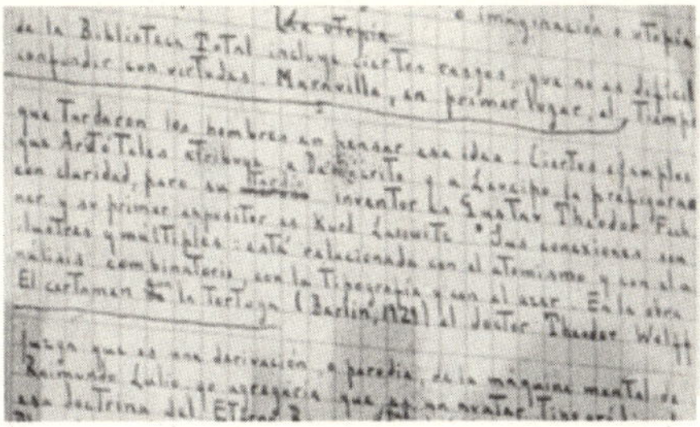

Jorge Luis Borges nato il 24 agosto 1899

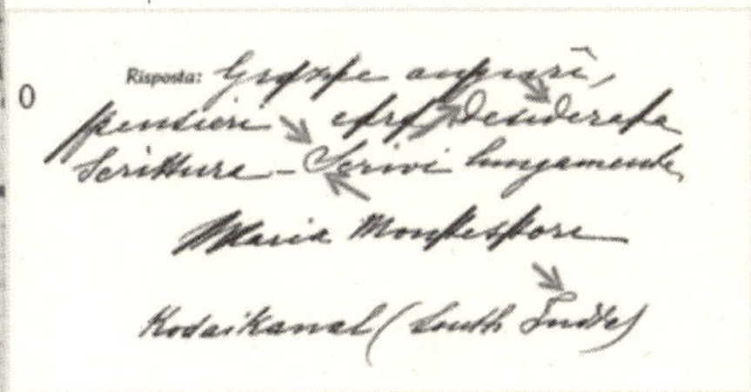

Maria Montessori
nata il 31 agosto 1870

ESEMPLIFICAZIONI DI GRAFIE

Grafia di Jorge Luis Borges

In questa scrittura a stampatello, le **Aste Rette** e l'adesione continua sul rigo di base combinate a **Curva**, esprimono una personalità seria, metodica determinata, ma non rigida, mentre le lettere staccate e precise rivelano un forte bisogno di chiarezza e una curiosità sempre attiva nell'individuare ogni dettaglio utile alla soluzione dei problemi.

Grafia di Maria Montessori

L'inclinazione verso destra, le Aste Rette e Parallela (rosso) creano una diffusa impressione di rigidità e di schematismo, mitigati da Curva (blu) in alcuni allunghi a delineare una personalità rigorosa, autorevole, affidabile ma, nello stesso tempo, pronta a prodigarsi verso gli altri per dare e ricevere considerazione e affetto.

A cura di Alessandra Micheli

OROSCOPO LETTERARIO

Ogni segno rappresenta una parte di noi, anche nascosta o oscura, necessaria per il corretto funzionamento della nostra psiche. O anima. O cuore.

In fondo i libri, nostri compagni di viaggio, espressioni più profonde dei nostri desideri, sono immagini, di carta della nostra parte più intima.

Anche se in realtà vivono, ci parlano e ci fanno passare deliziosi pomeriggi di lieto gossip letterario davanti a profumati tè al bergamotto.

Anche se in realtà vivono, ci parlano e ci fanno passare deliziosi pomeriggi di lieto gossip letterario davanti a profumati tè al bergamotto.

Sapete ad esempio che il nostro amato Lord Byron era davvero antipatico? Ecco perché ogni personaggio qui descritto ci racconta vizi e virtù, i suoi inconfessati sogni. La sua splendida volontà di cambiare il mondo e le persone incontrate.

Eccoci di nuovo a terra. Un segno razionale, con una capacità di pensiero e un'intelligenza spiccata. Certo l'altro lato della medaglia è la meticolosità e l'ossessione. Troppo rigorosi e seri. Forse eccessivamente taciturni. Non ci credo! Voi, signor Sherlock? È un vero onore. E per cortesia basta trarre deduzioni dal mio abbigliamento. Sono pur sempre una signora! Ditemi, come riuscite a raccontare l'intera storia e personalità di un soggetto, semplicemente osservando i dettagli? Avrete un segreto, ne sono certa. E sarebbe carino raccontarmelo... ma non distraetemi eseguendo una perfetta sonata al violino!

E voi cosa ne dite del signor Sherlock, mia cara Fanny Price? In realtà non vi ho mai trovato simpatica, se mi permettete l'ardire... a differenza di Jane voi eravate sempre così silenziosa, quasi trasparente. Dicevate la cosa giusta solo se interpellata, mai una stravaganza o un pensiero fuori posto. Anche ora annuite e tacete. Ma cosa penserete davvero? E cosa si prova a essere l'unica eroina che scompare letteralmente davanti alla sua antagonista?

Forse sarebbe stato meglio invitare Mary Crawford. No... vi prego, scherzavo! Non piangete!

« E voi cosa ne dite del signor Sherlock, mia cara Fanny Price? »

Di Roberta La Placa

PAROLE ASTRALI

I tratti principali delle persone nate sotto il segno della Vergine sono la razionalità, l'intelletto marcato, la precisione, il controllo meticoloso, la serietà, la rigorosità. Un difetto? Talvolta sono troppo taciturni. Partendo da questi presupposti, Roberta La Placa ha scritto il racconto qui sotto.

Buona lettura!

« I suoi capelli sono freschi di pettine, la camicia bianca non ha una piega, il portafoglio, che tira fuori per pagare il conto, ha banconote in ordine di valore e la regina Elisabetta guarda nella stessa direzione. »

IL DONO DI SELKIS

Ombretti mischiati con rossetti e pennelli in tre portatrucchi diversi. Anelli con braccialetti riposti a caso in un portagioielli con catenine abbracciate una all'altra. La valigia aperta sul pavimento ancora piena di vacanza anche se sono tornata da una settimana. La posta accumulata sul tavolo del salotto da aprire. Appunti scritti su quaderni diversi senza seguire un ordine di pagine. Vestiti gettati a caso arredano il tappeto della stanza.

«Sei in ritardo di due minuti» mi fa notare Tony al mio arrivo in un bar nel centro di Londra, arredato con precisione, aggiungendo: «La tua sciarpa sta pulendo il pavimento.»

I suoi capelli sono freschi di pettine, la camicia bianca non ha una piega, il portafoglio, che tira fuori per pagare il conto, ha banconote in ordine di valore e la regina Elisabetta guarda nella stessa direzione. Il vento annoda i miei capelli fini, un maglione stropicciato, il mio borsellino è una fusione di carte di credito, vecchi scontrini, biglietti di frasi belle ricevuti quando ancora i messaggi si scrivevano a penna, banconote infilate a caso e spiccioli sparsi.

Tony mi scrisse su Tinder una sera mentre guardavo la finestra punteggiata di pioggia, seduta sul divano rosso con una tazza di cioccolata calda tra le mani. Paola, la mia vicina di casa, mi iscrisse, sorda ai miei 'no'. Tony fu l'unico a cui risposi, catturata dal color nocciola dei suoi occhi e dal ricciolino che cadeva sulla fronte ricordandomi quello di Luca Carboni. Era contento che fossi anch'io un segno di terra, lui Vergine e io Toro, perché abbiamo i piedi ben piantati, come le radici di un albero. Tony non mi ascoltava quando dicevo che io amo le nuvole, ché non sono mai uguali, ché spettinano il cielo. Dopo un bacio composto in macchina e al nostro quinto appuntamento, mi invita a cena a casa sua. La casa profuma di Cif e di candele accese al gusto di violetta. Noto la tavola apparecchiata con perfezione maniacale: la tovaglia inamidata e i piatti, tutto dello stesso servizio come le posate.

I vestiti scivolano via, dopo che lui ha lavato i piatti e i fornelli della cucina, cadono su un pavimento in legno non rigato. Raccoglie i vestiti, mi prende la mano per portarmi nella sua stanza da letto. La lascia per piegarli, ponendoli ordinatamente su una sedia larga. Non ho più pazienza, tutto questo è eccessivo. Getto a terra i vestiti e iniziamo a fare l'amore.

« I vestiti scivolano via,
dopo che lui ha lavato
i piatti e i fornelli della cucina,
cadono su un pavimento
in legno non rigato. »

A cura di Massimo Villa

MUSICA ASTRALE

.Secondo nuove ricerche, ogni segno avrebbe un genere musicale preferito. E quando si tratta di musica, c'è da dire che nessuno resta indifferente. Tutti abbiamo una canzone del cuore, in grado di suscitare in noi forti emozioni. C'è chi predilige melodie rilassanti e chi invece ha bisogno di qualcosa di più forte per trovare l'energia e affrontare la giornata. A tal fine, Massimo Villa ha redatto una vera e propria playlist idonea ai nati sotto il segno della Vergine. Divertitevi a scoprire qual è il vostro ritmo.

Voi della Vergine siete delle persone assai particolari. E la vostra playlist risente del vostro amore per la scrupolosità, seriosità, pignoleria e... oh, insomma, state un po' attenti che se apparite così profondamente pragmatici anche nella musica è solo colpa vostra!

Amate il metronomo: ma anche la versione di *Satisfaction* figlia del post-punk dei Devo, così ossessivamente incisiva, robotica, ripetitiva. Però, d'altro canto anche un revolver puntato in faccia che vi spara un capolavoro come *Eleanor Rigby* dei Beatles, così melodicamente equilibrata da ispirarsi ad Antonio Vivaldi nell'accompagnamento di violini, non può che entusiasmarvi.

Mentre fate la spesa con tutte le vostre provviste messe ordinatamente nel carrello, vi consiglio un capolavoro degli XTC, sofisticata band capitanata dal genio di Andy Partridge, che anche in un periodo come quello degli inizi degli anni '80 in Inghilterra, riuscì a mantenere una sublime forma di interpretazione del lirismo new wave che seguì poco dopo, ovviamente in formato ante-litteram. Precisi lo siete, e allora perché non ascoltare uno dei compositori contemporanei che maggiormente hanno lasciato il segno come Philip Glass, e in questo caso il suo adattamento della controversa novella *Der König von Amerika*, da cui ne scaturì un'opera in due atti, un viaggio poetico e tragico allo stesso tempo.

Qualcosa di bello in assoluto? Elvis Costello può senz'altro soddisfare la vostra spiccata intelligenza nel pop di *Almost Blue*, che rende tributo a Chet Baker come fonte d'ispirazione.

Rigorosità nella musica è anche sinonimo di Gershwin, e mentre siete al mare a prendere la tintarella perché non mettervi nelle orecchie *Summertime*, che fa il paio con un altro formalismo tutto nostrano, figlio di un periodo magnifico in cui anche la 'canzonetta italiana' partoriva tormentoni estivi del calibro di *Un'estate al mare* di Giuni Russo.

Continuando sul ritmo quasi 'industriale' di Popcorn, brano reso famoso dagli Hot Butter, e che a me personalmente ricorda molto un'ipotetica colonna sonora del videogame Pong.

Chiudiamo con Duke Ellington, maestro di lirismo dalla personalità meticolosa e assolutamente razionale, nella sua *Sophisticated lady*, e lo stile assoluto di *Pagan lovesong* degli irlandesi Virgin Prunes tanto per rimanere nel nome del segno.

PLAYLIST CONSIGLIATA

- *(I can't get no) Satisfaction* (Devo, 1978)
- *Eleonor Rigby* (Beatles, 1966)
- *Senses working overtime* (XTC , 1982))
- *The perfect american* (Philip Glass, 2011)
- *Almost Blue* (Elvis Costello, 1987)
- *Summertime* (George Gershwin, 1935)
- *Sophisticated lady* (Duke Ellington, 1932)
- *Pagan lovesong* (Virgin Prunes, 1987)
- *Popcorn* (Gershon Kinsley, 1969)
- *Un'estate al mare* (Giuni Russo, 1981)

LOOK STELLARE

Leggendo *Planetario* di Alfredo Cattabiani, scoprirete che le gemme più adatte ai nati sotto questo segno, sono quelle mercuriali grigie, cangianti e opalescenti, come ad esempio le agate e le alessandriti.
Altre pietre ideali sono la corniola, che gli antichi guerrieri portavano al collo, perché pareva infondere coraggio, e la sardonice, che veniva raccomandata per trovare la favella, ma anche per allontanare i nemici e indurre all'amore. Anche lo zaffiro è ottimo per i nati Vergine. Così, prendendo in considerazione i colori (l'azzurro scuro e il grigio) e le pietre portafortuna associati al segno zodiacale della Vergine, Francesca Lorusso ha tratteggiato il look migliore per i nati sotto l'influenza di Mercurio. Divertitevi a scoprire lo stile più adatto a voi.

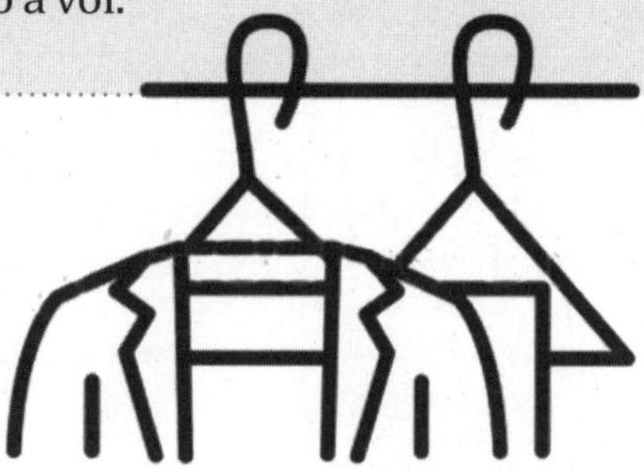

VERGINE DONNA

La perfezionista.

Le nate sotto questo segno di terra amano le cose fatte come si deve.

La loro costante ricerca le rende le più affidabili dello zodiaco quando c'è da portare a termine un compito preciso.

Questa meticolosa cura contraddistingue la donna Vergine anche nel modo di vestire e nella scelta del proprio stile.

Nulla è affidato al caso, quando sceglie i propri outfit.

I capi d'abbigliamento che le si potranno vedere addosso sono frutto di attente e accurate ricerche finalizzate a evitare accostamenti meno che perfetti o colori fuori luogo.

Ama i chiari e i capi comodi, tuttavia mai trasandati.

Maglie di lana ingentilite da strass o da fantasie floreali su blue jeans di buona qualità in inverno; t-shirt e pantaloni di cotone per l'estate possono essere le mise sulle quali la donna Vergine fa spesso affidamento quando vuole sentirsi disinvolta.

Per le occasioni più eleganti accosta a gonne rosso Borgogna o verde inglese, giacche di tweed o twin-set dai colori caldi senza mai rinunciare alla praticità. Le sue pietre sono la corniola e l'ametista, così come i colori prediletti sono il viola e l'arancio.

Ama accessori che mettono in luce la femminilità, ma anche la sua natura meticolosa e a volte la sua eccessiva ricerca della perfezione può portarla a scelte mai inadatte seppur non molto fantasiose.

Perfetto per lei il giro di perle e un tennis di brillanti che sembrerà nato sul suo polso allo stesso modo in cui un anello prezioso, ma sobrio, sarà il completamento naturale delle sue dita.

Tutto perfetto e appropriato.

Spesso i capelli della donna Vergine sono fermati da un cerchietto a motivi floreali o da eleganti fermacapelli ornati di strass, che sottolineano la compostezza dei suoi modi e l'ordine che governa il suo essere.

Non dimentichiamo però che la Vergine è associata a Mercurio, dio dinamico e irrequieto. Ciò la porta ad amare anche le avventure sportive nella natura e la ricerca di emozioni sempre diverse anche in campo affettivo.

DONNA VERGINE
Ama accessori che mettono in luce la femminilità,
ma anche la sua natura meticolosa

UOMO VERGINE
D'inverno porta berretti di lana,
d'estate cappellini di tela.

Per conquistare può trasformarsi mettendo in luce un lato piccante e inaspettato, fatto di colori decisi e di accennate trasparenze.

Spesso le emozioni più inattese possono nascondersi dove nessuno penserebbe di trovarle.

VERGINE UOMO

L'attore.

Il programmatore.

Perfetto in tutto, l'uomo Vergine: meticoloso, calcolatore, dotato di grande autocontrollo.

Lo si potrà trovare a una mostra d'arte già perfettamente preparato su ciò che deve ancora vedere o mentre risolve un guasto improvviso alla lavatrice con il rigore di un ingegnere della NASA.

Cura il suo stile con un'attenzione tutta sua, e non tollera che le scelte nel vestire vengano in qualche modo riprese o criticate.

Del resto, la perfezione che usa nel creare il suo look lascia volontariamente poco spazio alle osservazioni.

Jeans e polo, pantaloni di velluto e giacca di lana su maglia a collo alto.

Il suo colore preferito è il marrone. La tinta della terra, sulla quale vuole essere sempre ben sicuro di poggiare i piedi.

Sulla camicia aperta, d'estate potrà indossare una collana di piccole pietre, magari grigie come il quarzo, per sdrammatizzare il suo rigore nella gestione della vita.

Ama scarpe comode e pratiche e capi ampi, per sentirsi libero nei movimenti e nel suo agire.

Il suo accessorio elegante può essere un cacciavite multiuso da tenere sempre in tasca.

D'inverno porta berretti di lana, d'estate cappellini di tela.

Se il suo stile vi sembrerà poco personale o perfettibile non cercate di cambiarlo.

Il suo segno è dominato da Mercurio che non gli fa mai perdere il totale controllo delle cose.

Il Vergine va sempre dritto per la sua strada, costi quel che costi.

A cura di Paola Nosari

ASTRI E RISPARMI

Quale rapporto ha il segno della Vergine con il denaro? In questo periodo di crisi è utile saperlo. Scopritelo in questa interessante analisi finanziaria, che vi farà riflettere e mettere alla prova concretamente.

Su di te si può, sempre, fare affidamento. Sei puntuale, preciso, organizzato. Anche nella gestione delle tue e altrui economie. Ami fare le cose per bene e difficilmente potrai trovarti in una situazione di disagio o di sovraesposizione (o, peggio, debitoria!) perché sei coscienzioso e rispetti le regole: anche quelle non scritte.

Di contro, hai la tendenza a fare molta fatica a condividere con altri (anche amati) il frutto del tuo lavoro e impegno. Se ci fosse una tua perfetta rappresentazione, come già anticipato in precedenza, nella favola di Esopo della cicala e della formica, ecco, senza alcun dubbio, tu saresti la formica.

Ed è qui che possono sorgere alcuni problemi, perché in una equilibrata gestione delle finanze la generosità e l'equidistanza dal possesso fine a sé stesso devono essere contemplate e avere il giusto peso.

Non sto dicendo che tu non sia capace di slanci di altruismo e magnificenza.

Ti sto però invitando a emanciparti da una certa tendenza a considerare ciò che costruisci, consolidi e accantoni come qualcosa che dipende da te soltanto e che tu sei stato bravo a realizzare, sviluppando così un attaccamento che può rischiare di diventare presuntuoso.

È infatti sempre sano ed equilibrato riuscire a considerare che, dal momento che da soli non si va da nessuna parte, ciò che riesci a costruire per certi versi ti arriva anche attraverso gli altri e per gli altri.

ESERCIZIO

Ogni tanto lascia un caffè sospeso al bar, compra un fiore da lasciare sotto al tergi cristallo di una macchina a caso, abbandona un libro che ti è molto piaciuto su una panchina del parco. Insomma, pratica gentilezza a casaccio e atti di bellezza privi di senso.

SCOPO DELL'ESERCIZIO

Comprendere che tutta l'abbondanza del mondo è a tua disposizione e, anche attraverso di te è destinata a essere condivisa. Non c'è ricchezza senza generosità e condivisione.

A CACCIA DI SAPORI COSMICI

A cura di Raffaella Fenoglio

Ligure con radici piemontesi, la Fenoglio tiene un blog di cucina (*Tre civette sul comò – foodblog con l'indice glicemico al minimo*). È autrice di *Pan e Pumata* (Edizioni Zem), libro dedicato alla cucina del ponente ligure, di *Abbasso l'indice glicemico. 50+4 ricette per contenere l'IG mangiando bene* (Terra Nuova Edizioni) e di *Indice gliceamico. Ricette per vivere meglio, restare in forma e tenere sotto controllo il diabete* (Gribaudo). Quando non spadella, coltiva la passione per i romanzi per ragazzi e per l'infanzia. Ha pubblicato *Gala Cox e il mistero dei viaggi nel tempo* (Fanucci) e *Storia degli strani animali della fattoria dei Monaci Templari e del coraggio della piccola Nicole (e di Claude)* edito da Zem Edizioni. Con un gruppo di amiche ha fondato P.E.N.E.L.O.P.E. odv, associazione attiva per la parità di genere. Preferisce il porro alla cipolla, non usa teglie in silicone, odia pulire i carciofi, mangia preferibilmente pasta corta, ma molto al dente.

Svelaci un segreto in cucina...
Cucinare bene non richiede né troppo tempo, né troppo studio.

La tua ricetta preferita?
Waffle salati al pomodoro con mozzarella di bufala.

Cosa ti piace mangiare?
Decisamente il salato. Pizza soprattutto, ma anche una bella pasta e fagioli! Poi... pasta corta con le verdure, torte di verdure, zuppe, formaggi e acciughe fritte.

L'ingrediente che ami di più?
La feta greca, il formaggio tradizionale greco, a pasta semidura

e friabile, bianchissimo e leggermente salato. Cerco di metterla dappertutto. Negli impasti delle focacce, nelle torte di verdure, nei ripieni, nelle insalate o anche da sola semplicemente tagliata a cubetti.

Come e dove trovare ispirazioni gastronomiche?

Dalle ricette della tradizione; prendete spunti qua e là, aggiungete ingredienti nuovi e anche… aprite il frigo, vedete cosa offre e inventatevi una ricetta lì per lì. Credetemi vengono fuori cose molto interessanti… a patto che vi siate ricordati di fare la spesa.

A chi consiglieresti questo ricettario astrale?

Tutti possono trarre buoni spunti da questo ricettario, ci sono ottimi consigli culinari e uno sguardo a tutto tondo sul segno zodiacale di riferimento. La cucina può diventare un gioco se teniamo presente quali alimenti ci fanno bene e quali dovremmo evitare. Abbiamo una vasta quantità di ingredienti e infinite combinazioni fra di loro, come venirne a capo? Non fatevi attrarre dall'oroscopo solo per leggere le previsioni in tema di lavoro, amore e salute, abbandonatevi alla gustose ricette elaborate per voi, sì proprio per voi che siete di quel segno zodiacale specifico.

La Vergine domina l'intestino e il plesso solare. Come per i Gemelli, la Vergine è governata da Mercurio che influisce sul sistema nervoso. Cosa ne dici di usare il cardamomo in questi casi? Puoi darci una ricetta ad hoc?

Con il nome cardamomo sono indicate diverse spezie caratterizzate da aromi e sapori differenti: il cardamomo verde, il cardamomo di Ceylon, il cardamomo nero e altre varietà meno diffuse.

Il cardamomo è una delle spezie meno conosciute e utilizzate in Occidente, invece è molto diffuso nella cucina orientale. Con lo zafferano e la vaniglia è tra le spezie più rare, preziose e costose, al mondo.

I semi del cardamomo hanno un grande potere aromatico e sono ricchi di benefici per l'organismo. Vengono utilizzati per la cura di mal di denti, raffreddore e per problemi di digestione; hanno un sapore leggermente piccante e fruttato, ideale per aromatizzare diversi piatti.

Nella medicina ayurvedica il cardamomo è utile come cura per problemi al sistema urinario, per tosse ed emorroidi; la medicina tradizionale cinese lo usa per mal di stomaco e dissenteria.

In Oriente è considerato un afrodisiaco, proprietà decantata nei racconti de Le mille e una notte. In India è considerata una pianta timida e delicata che può essere toccata e raccolta solo da mani femminili. Nel Kashmir alcuni semi di cardamomo sono chiusi in un gioiello che viene donato alle spose come simbolo del cibo ristoratore che daranno ai mariti.

Il cardamomo è usato per aromatizzare liquori: è tra gli ingredienti del glögg, la famosa bevanda alcolica svedese e di molti amari e digestivi italiani. Usata nel gelato e nei dolci, l'uso del cardamomo in contesti salati non è ancora di uso comune, ma è ottimo abbinato al pollo, o aggiunto alla salsa di pomodoro. Provate per credere. Famosissima la ricetta del bacon glassato al cardamomo.

POLPETTE DI ZUCCA E CARDAMOMO
RICETTA A BASSO INDICE GLICEMICO

INGREDIENTI
400 gr di zucca
200 gr di ricotta di bufala
2 uova
50 gr di burro di mandorle
100 gr di farina integrale
100 gr di grana
½ cucchiaino di cardamomo
½ cucchiaino di cannella
1 cucchiaio di zenzero grattugiato
Sale q.b.
Olio extravergine d'oliva q.b.

Tagliate la zucca a fette, appoggiatela sulla leccarda coperta da carta forno. Fatela cuocere a 200° per venti minuti. Una volta intiepidita, schiacciatela con la forchetta e mettetela in una terrina. Mescolatela con gli altri ingredienti, prima quelli umidi e poi quelli secchi. Con le mani umide formate delle palline, circa 16 o 20. Appoggiatele sulla leccarda coperta da carta forno. Fate cuocere per venti minuti a 180°. Servite le polpette con riso venere e purea di cavolo.

A cura di Elvia Gregorace

OROSCOPO DELLE SPEZIE E DEI VINI ASTRALI

Scoprite gli abbinamenti speziati della Vergine e i suoi vini astrali.

Le spezie evocano ricordi e profumano cibi e bevande. In antichità, venivano impiegate per il benessere psico-fisico, ma anche per preparare filtri amorosi o sedicenti pozioni magiche. Sta di fatto che se vogliamo aggiungere un pizzico di magia a tavola, le spezie sono davvero il massimo. A livello astrologico, ogni segno zodiacale ha una sua spezia particolare, in grado di farlo sentire in sintonia con il cosmo e le stelle. Così come esiste un vino ideale per ogni segno.

Segno caratterizzato dalla stabilità, sebbene possegga una certa mutevolezza. Amante del senso estetico e della sobrietà. Il segno della Vergine non ama essere in sovrappeso ed è morigerato nel cibo. Se deve affrontare un sacrificio lo fa senza battere ciglio, l'importante è raggiungere l'obiettivo. Sa essere fedele, ma nei rapporti sentimentali è in grado di scindere l'aspetto erotico da quello emotivo, per cui potrebbe diventare un partner pericoloso per i cuori sensibili. Se ferito sa colpire con armi ben affilate senza curarsi delle conseguenze. Elegante, leggero nel portamento, la Vergine è un segno che diffonde gioia, armonia; non immune al pettegolezzo possiede forza d'animo e resistenza, benché in genere, d'aspetto esile. Vaporosità e moderazione la contraddistinguono tanto da essere molto attenta a ciò di cui si nutre. Ricercata nei

cibi, cauta in ciò che sorseggia. Risulta calzante così l'attribuzione a un ricercato e di nicchia calice di **Praruar Il Censo**, cantina che produce il nettare di Bacco secondo natura. La filosofia del vignaiolo, Gaetano Gargano è seguire le uve dalla vigna toccandole il meno possibile: la qualità si crea sul campo, non in cantina. Un ambrato luminoso sprigiona un bouquet di albicocca disidratata, miele millefiori, zenzero caramellato, alternato da mimosa e acetosella. Il palato è avvolto dal calore e dalla morbidezza. Epilogo piacevolmente sapido.

La sua spezia è il coriandolo per le capacità multitasking. Ha l'abilità di sposare alimenti senza coprirli, ma facendo uscire da loro il meglio, ovviamente nella giusta quantità. Pianta originaria del Mediterraneo, conosciuta nei tempi antichi già da Egizi, Greci e Romani. La sua assunzione stimola il sistema nervoso, allontana il senso di stanchezza, combatte l'inappetenza, persino chelante dei metalli pesanti. Utilizzata per la marinatura e nei ripieni di carne in Marocco, assieme al miele per alleviare la tosse nello Sri Lanka. In Europa insaporisce cacciagione, pane, frutta e dolci. Per il colore offre una sfumatura più calda. Il popolare cuoco e gastronomo romano Apicio (a cavallo tra il I sec. a.C. e il I sec. d.C.) ne riporta differenti ricette considerandolo l'ingrediente principale di alcune salse destinate a ricoprire carne e pesce, forse per la mancanza di freschezza.

A cura di Francesco Lomuscio

OROSCOPO CINEMATOGRAFICO

I segni zodiacali ci aiutano a comprendere meglio la nostra natura, i nostri gusti e passioni. Gli interessi cinematografici non sono da meno: le storie vissute dai personaggi del grande schermo possono persino diventare una preziosa (e divertente) fonte di ispirazione. Scoprite i film abbinati al segno della Vergine.

L'uomo dal vestito grigio (1956) di Nunnally Johnson

Oltre all'azzurro scuro, anche il grigio va bene per i nati Vergine, quindi bisogna consigliare loro questo Gregory Peck che, onesto padre di famiglia con un passato di violento soldato, scopre di aver avuto un figlio da una ragazza con cui condivise anni prima in Italia una relazione.

Per un pugno di dollari (1964) di Sergio Leone

Pare che l'essere troppo taciturni rappresenti l'aspetto negativo dei nati sotto il segno della Vergine, ma non se lo sono come il buon vecchio Clint Eastwood. In questo capolavoro del cinema western, Eastwood veste i panni di un pistolero solitario senza nome che, finito in una cittadina al confine tra Messico e Stati Uniti, per un pugno di dollari si vende alle famiglie rivali dei Rojos e dei Baxter, rispettivamente commercianti di alcool e venditori di armi.

Oscar insanguinato (1973) di Douglas Hickox

Dovendo apprendere a moderare il proprio senso critico e ad accettare l'opinione altrui, il Vergine, piuttosto nervoso, calza a suo modo con il personaggio dell'Edward Lionheart interpretato da Vincent Price, anziano attore shakespeariano che comincia a eliminare uno alla volta i critici che lo hanno snobbato, negandogli un importante premio.

Quattro mosche di velluto grigio (1974) di Dario Argento

Torniamo al colore della Vergine, ma qui lo associamo anche alle emozioni che possono diventare per lui nevrosi o traumi, perché proprio queste sembrano essere le molle che porteranno un misterioso assassino a compiere diversi omicidi legati, a quanto pare, agli strani pedinamenti di cui è oggetto da tempo un batterista rock.

I Goonies (1985) di Richard Donner

Per la Vergine, che non manca di portare a termine un incarico nel migliore dei modi, esistono pochi amici ma buoni, proprio come i sette giovanissimi amici di Goon Docks, decisi a trovare l'antico tesoro di una nave pirata – con tanto di mappa a portata di mano – affiancati dal mostruoso gigante Slot e inseguiti dalla madre e dai due fratelli di quest'ultimo, gang di criminali. .

La regina dell'Inferno (1990) di Dominique Othenin-Girard

L'egoismo caratterizza i nati sotto il segno della Vergine, i quali, convinti che il mondo inizi e termini con loro, possono rispecchiarsi in Lilith, malvagia divinità che assume le fattezze di una bellissima donna per adescare ed eliminare i principali manager di un periodico di moda, intenzionata a impossessarsi della redazione e occuparne la copertina, per far sì che l'adorino migliaia di lettori.

A beautiful mind (2001) di Ron Howard

Intelligenti ed estremamente razionali, i nati Vergine sono molto vicini al realmente esistito John Forbes Nash Jr interpretato da Russell Crowe, divenuto negli anni Cinquanta astro nascente della matematica per merito della sua teoria dei giochi e affetto da una grave forma di schizofrenia che lo portò a convincersi che le proprie allucinazioni fossero vere, fino a dover ricorrere a ospedali psichiatrici.

Se mi lasci ti cancello (2004) di Michel Gondry

Razionalità, tendenza a ripensare al passato e, soprattutto, l'amore filtrato attraverso il cervello, la logica. Sono queste le caratteristiche dei Vergine riscontrabili nei Jim Carrey e Kate Winslet di questa fanta-commedia sentimentale. Dopo la rottura, due litigiosi fidanzati tentano di cancellare la propria memoria. Ma sarà proprio questo a farli viaggiare nei ricordi e a rimettere tutto in discussione.

Missione Mercurio (2011) di Paul Ziller

Mercurio è il pianeta dominante della Vergine. Chissà se i nati sotto questo segno continueranno a vederlo nella stessa maniera dopo aver constatato come, a causa di una anomalia magnetica del Sole, Mercurio cambia rotta intercettando quella del pianeta Terra e minacciandone la sua sopravvivenza.

La teoria del tutto (2014) di James Marsh

Forniti di un'intelligenza al di sopra della norma, meticolosi ed eccessivamente critici, i Vergine possono essere accomunati allo Stephen Hawking (interpretato dal premio Oscar Eddie Redmayne), astrofisico e cosmologo britannico di fama mondiale conosciuto soprattutto per i suoi studi riguardanti i buchi neri e l'origine dell'universo, ma la cui vita è stata penalizzata dall'immobilità dovuta a una malattia del motoneurone.

A cura di Simona Scifo

ASTRO DÉCOR

Consigli per decorare la tavola in base al proprio segno zodiacale

I segni zodiacali corrispondono alle dodici costellazioni e aiutano a esprimere i tratti della personalità, influenzano il carattere, le attitudini, le scelte, le abitudini, il comportamento, nonché i vari aspetti della vita come l'amore e il lavoro.

Chissà se, guardando le stelle, è possibile anche trovare ispirazione per decorare al meglio la nostra tavola? In questa sezione, troverete il modo per sfruttare al massimo il potere dell'astrologia anche per la scelta di un table set coordinato e di un centro tavola in linea con il vostro sentire. Ogni segno zodiacale è contraddistinto da un colore che ha il potere di potenziarne l'energia, la giusta tonalità in grado di donare quel quid in più e di portare anche fortuna oltre che far risaltare le proprie attitudini.

Partendo dalla descrizione delle peculiarità del segno zodiacale della Vergine e arrivando all'individuazione del colore portafortuna, della pietra e del metallo, inizierete un viaggio alla scoperta dei trucchi per esaltarne le energie, anche nella decorazione della tavola e scoprire lo stile perfetto sfruttando il potere delle stelle.

Eccessivamente analitici, vengono catturati dai dettagli e dalle sfumature. Sono anche dei grandi amanti della natura. Le persone nate sotto il segno della Vergine sono categoriche e sistematiche.

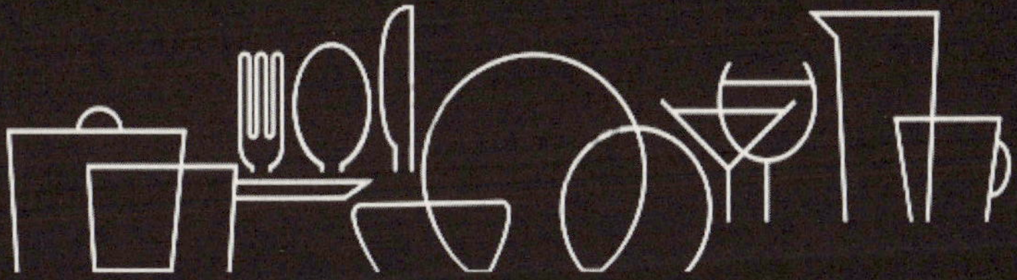

COLORE

Il grigio è il suo colore. Per il segno più meticoloso dello Zodiaco, il grigio è associato alla stabilità ed è capace di allontanare le insicurezze. La Vergine è proprio così: stabile, realista, cauta, anche se spesso ha timore delle prospettive future e ha paura del mondo esterno.

PIETRA

Lo zaffiro è la sua pietra. Si tratta di una gemma che comanda l'elemento acqua e che rappresenta la verità e la costanza. Ha un effetto calmante e riduce gli stati ansiosi, tipici di chi è nato sotto il segno della Vergine.

MISE EN PLACE

Elegante e sofisticata, la Vergine ama la luce e lo stile minimal. È un grande amante della bellezza naturale e dell'ordine strutturale.

La passione per la natura si rifletterà anche sulla decorazione della tavola con elementi semplici e creativi, come un centrotavola e segnaposti personalizzati, realizzati con frutta e fiori freschi.

INNOVATIVA MISE EN PLACE MONOCROMATICA: TOTAL GREY

Tavola originale ed essenziale. Piatti in preziosa porcellana bianca, calici in cristallo con posate in acciaio sul candido bianco della tavola e il colore grigio che caratterizza i dettagli ornamentali. La scelta di ogni componente diventa un gioco ton sur ton di ceramiche lucide e opache, alternate. Un ensemble materico dove il tessile diventa la tela sulla quale disegnare una personale visione di eleganza in un mix di cristalli e tocchi di luce.

LA TAVOLA DI NATALE DELLA VERGINE

Minimal, chic e trendy la sua tavola natalizia.

Moderna, bella e diversa dal solito, con decori total white o total black.

Si gioca con il nero, il bianco e il grigio a contrasto per un effetto molto accattivante e per nulla classico.

ASTRO MENU

I nati sotto il segno della Vergine sono deduttivi e intuitivi e a livello gastronomico prediligono una cucina tradizionale.

Non amano le ricette particolarmente elaborate o speziate. Preferiscono cibi leggeri, per evitare problemi alla digestione. Infatti, il loro punto debole è l'intestino. Quindi, dovrebbero guardarsi dagli intingoli saporiti o troppo unti. Dovrebbero assumere più yogurt, frutta e verdura, masticare con calma e aumentare il consumo di solfato di potassio (formaggi, manzo, farina di grano integrale, mandorle, indivia, cicoria).

In buona sostanza, sì ai cibi nutrienti, magri ricchi di sali e vitamine (alghe marine, crusca), ma soprattutto non sofisticati (fragole, frutti di bosco, melone, spinaci, zucchine, agrumi, prugne, mele, pesche, datteri, noci, sedano, carote).

La semplicità, l'ordine, la praticità e il senso della misura contraddistinguono il modo di essere dei nati Vergine e in cucina le erbe aromatiche più congeniali sono: il coriandolo, il caprifoglio, la noce moscata, il rosmarino, la valeriana, la santoreggia e il gelsomino.

Secondo la teoria degli umori, concepita da Ippocrate di Coo, che rappresenta il più antico tentativo, nel mondo occidentale, di fornire una spiegazione eziologica dell'insorgenza delle malattie, superando concezioni superstiziose, magiche o religiose, nei segni di terra prevalgono le qualità del freddo e del secco e domina il temperamento melanconico. Di conseguenza, i nati Vergine dovrebbero preferire gli alimenti caldo-umidi: carne di maiale e d'agnello, salumi, fegato e frattaglie, legumi, prezzemolo, uva, agrumi, dolci annaffiati con vino bianco o birra chiara.

Il cereale più adatto è il miglio, di colore giallo, perché ricco di silicio, magnesio, potassio, fosforo, ferro, fluoro e ha effetti benefici sui capelli, gli occhi, i denti e la pelle.

Le essenza astrali della Vergine sono il giacinto, la gardenia, l'acacia e il millefoglie rosa.

Suggerimenti a parte, se siete nati sotto questo segno zodiacale o se desiderate invitare a pranzo o a cena un Vergine, qui sotto potrete trovare le ricette più sfiziose che fanno proprio al caso vostro.

ASTRO MENU

ANTIPASTI

Funghetti golosi ripieni di formaggio e cotto
Focaccina al pollo con chips di melanzane al cardamomo
Polpettine di tonno al coriandolo
Pancake di ceci con spuma di broccoli
Muffin al pomodoro e burger di grano saraceno
Delizie salate con cetrioli e fiocchi d'avena
Bontà ai porri e riccioli di grana al rosmarino
Plumcake agli asparagi
Tortino con pomodorini e semi di zucca
Strudel di piselli con mousse salata allo yogurt

FUNGHETTI GOLOSI RIPIENI DI FORMAGGIO E COTTO

Ingredienti

- 2 fette di prosciutto cotto
- 4 pomodorini 4
- 1 formaggio spalmabile
- Basilico q.b.

Preparazione

Ritagliate dalle fette di prosciutto delle strisce larghe circa due dita. Spalmatele con il formaggio e arrotolatele per formare il gambo del fungo. Sistematele su un piatto verde, mettete mezzo pomodoro su ogni rotolino. Mettete dei piccoli pezzi di formaggio sul pomodoro per ottenere l'effetto di un funghetto a pallini. Completate con foglie di basilico come guarnizione.

FOCACCINA AL POLLO CON CHIPS DI MELANZANE AL CARDAMOMO

Ingredienti

- 50 gr di petto di pollo
- 1 formaggio spalmabile
- 1 melanzana
- Olio extravergine d'oliva q.b.
- Cardamomo in polvere q.b.

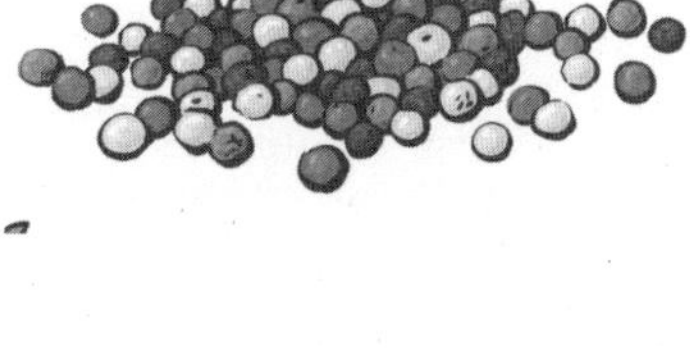

Ingredienti per la pasta matta

- 250 gr di farina 00
- 250 gr di farina integrale
- 300 ml di acqua
- 50 ml di olio di semi di girasole
- 10 gr di sale

Preparazione

Lessate il petto di pollo in acqua per otto minuti. Scolatelo e tagliatelo a cubetti. Ripassate i cubetti in una padella per tostarne la superficie per un paio di minuti e levate dal fuoco. Unite il formaggio e amalgamate bene.

Preparate la focaccina. Impastate gli ingredienti elencati per fare la pasta matta prestando attenzione a non aggiungere subito tutta l'acqua. Una volta formata una palla d'impasto copritela con la pellicola e mettetela nel frigo per mezz'ora. Trascorso questo tempo dividete l'impasto in due panetti e cominciate a tirarne una metà sulla spianatoia, aiutandovi con altra farina, dapprima con il mattarello, poi con le mani, fino a che la sfoglia non diventa molto fina e più larga della leccarda su cui, successivamente, andrete a disporla. A questo punto appoggiatela sulla leccarda foderata con carta da forno e tirate la seconda sfoglia. Sullo strato di pasta matta distribuite in modo uniforme il pollo. Con un pennello bagnate d'acqua i bordi della pasta.

Coprite la focaccia con il secondo strato di pasta matta. Fate ben aderire le due parti. Praticate dei buchi sulla focaccia. Irrorate di olio. Mettete nel forno per quindici minuti a 220°. Estraete e lasciate intiepidire. Dopodiché preparate le chips di melanzane al cardamomo. Preriscaldare il forno a 180°. Tagliate le melanzane a fettine sottili nel senso della lunghezza e disponetele su una teglia con olio in abbondanza e mescolate. Infornate per trenta minuti. Spolverate con un po' di cardamomo e servite assieme alla focaccina.

POLPETTINE DI TONNO AL CORIANDOLO

Ingredienti

- 80 gr di tonno all'olio d'oliva
- Formaggio spalmabile q.b.
- 2 cucchiai di pangrattato
- 20 gr di cracker
- Coriandolo q.b.

Preparazione

Scolate il tonno e schiacciatelo bene con una forchetta. Unite il formaggio e il pangrattato e amalgamate bene. Sbriciolate i cracker in un piatto assieme al coriandolo e con due cucchiaini formate delle palline che tufferete nella granella di cracker e coriandolo. Rotolate per far aderire.

PANCAKE DI CECI CON SPUMA DI BROCCOLI

Ingredienti

- 80 gr di farina di ceci
- 120 gr di caprino fresco
- 100 gr di acqua
- Sale q.b.
- Pepe q.b.
- Erba cipollina q.b.
- Olio d'oliva q.b.
- 1 broccolo (solo le cime)
- 1 noce di margarina
- Sale q.b.

Preparazione

Stemperate la farina di ceci con il sale, il pepe, l'erba cipollina, il sale e infine l'acqua. Quando si sarà formata una pappetta senza grumi aggiungete il formaggio, aiutatevi con una forchetta, e amalgamate il tutto. Risulterà un composto soffice. Fate riposare la pastella in frigo per una mezz'ora. Mettete sul fuoco una padella antiaderente con un filo d'olio, e quando sarà caldo cuocete i pancake. Indicativamente un cucchiaio da minestra di pastella corrisponde a un pancake. Cuocete da entrambi i lati. Dopodiché, pulite il broccolo, dividetelo in pezzi e cuocetelo a vapore. Quando il broccolo sarà tenero, dopo dieci minuti, spengete il fuoco, estraetelo dal cestello, eliminate l'acqua sul fondo e rimettetelo nella pentola. Poi con un frullatore a immersione riducetelo in purè. Mantecatelo con una noce di margarina. Infine servite i pancake guarniti con spuma di broccoli.

MUFFIN AL POMODORO E BURGER DI GRANO SARACENO

Ingredienti per i muffin

- 180 gr di farina integrale di tipo 2
- 50 gr di grana
- 150 gr di polpa di pomodoro
- 30 gr di semi di canapa
- 100 ml d'acqua
- 1 uovo
- 10 olive verdi denocciolate
- Sale q.b.
- Pepe q.b.
- ½ cucchiaio di lievito per torte salate

Ingredienti per i burger

- 200 gr di grano saraceno decorticato
- 100 gr di lenticchie rosse
- 35 gr di semi di zucca
- 1 cipolla rossa di Tropea
- 1 spicchio d'aglio
- 1 rametto di rosmarino
- 1 cucchiaino di salsa di soia
- Pepe nero macinato q.b.
- Farina di mais q.b.

Preparazione

Prima preparate i muffin. In una terrina mischiare gli ingredienti, sempre prima quelli secchi e poi i restanti. Preparati i pirottini dei muffin. Infilateli nella teglia e versateci l'impasto. Infornate per venticinque minuti a 180°. Dopodiché dedicatevi ai burger. Tagliate la cipolla a cubetti, tritate lo spicchio d'aglio e mettete tutto in una casseruola. Aggiungete il rosmarino, il grano saraceno, le lenticchie e un po' d'acqua. Cuocete finché l'acqua non sarà completamente assorbita. Togliete il rosmarino e versate il composto in una ciotola. Aggiungete i semi di zucca tritati e la salsa di soia. Mescolate bene e lasciate raffreddare. Formate i burger con le mani leggermente unte e impanateli nella farina di mais. Disponeteli su una teglia, foderata di carta da forno leggermente unta di olio, e infornate a 180°. A metà cottura, girateli e lasciate cuocere ancora. In tutto cuoceranno una ventina di minuti.

DELIZIE SALATE CON CETRIOLI E FIOCCHI D'AVENA

Ingredienti

- 80 gr di farina integrale di tipo 2
- 20 gr di fiocchi d'avena
- 100 gr di cetrioli
- 50 gr di grana grattugiato
- 2 cucchiai di semi di lino
- 30 ml di acqua
- 1 uovo
- 1 cucchiaino di lievito per torte salate
- Sale q.b.

Preparazione

Fate frullare nel mixer i cetrioli con il grana, l'acqua, il lievito e l'uovo. Quindi aggiungete all'impasto gli altri ingredienti e amalgamate bene. Mettete l'impasto nei pirottini dei muffin. Cuoceteli per venticinque minuti a 170°. Lasciateli raffreddare.

BONTÀ AI PORRI E RICCIOLI DI GRANA AL ROSMARINO

Ingredienti

- 100 gr di funghi misti
- 20 gr di grana grattugiato
- ½ porro
- 2 cucchiai di olio extravergine d'oliva

- Sale q.b.
- Pepe q.b.

Ingredienti per la pasta matta
- 250 gr di farina 00
- 250 gr di farina integrale
- 300 ml di acqua
- 50 ml di olio di semi di girasole
- 10 gr di sale

Ingredienti per i riccioli
- 300 gr di parmigiano grattugiato
- Foglie di rosmarino q.b.

Preparazione
In una terrina impastate la farina con il sale e l'olio, lavorate aggiungendo acqua tiepida sufficiente a ottenere una pasta soda e liscia. Continuate lavorando l'impasto sulla spianatoia per dieci minuti. Formate un panetto spianandolo col mattarello e aiutandovi con altra farina. Dopodiché, fate saltare nella padella leggermente oliata i funghi e il porro, aggiungete il sale. Posizionate il condimento al centro della pasta matta, cospargete di formaggio grana e bagnate i bordi interni di acqua. Arrotolate i bordi su loro stessi formando il classico calzone. Cuocete per una ventina di minuti a 150°. Successivamente, preriscaldate il forno a 180°. In una ciotola mescolate gli aghi del rosmarino e il parmigiano. Mettere alcuni cucchiai del composto su un paio di teglie rivestite con carta da forno, lasciando tra un mucchietto e l'altro abbastanza spazio. Fate cuocere fino a che il formaggio non sarà perfettamente fuso. Lasciate raffreddare su un vassoio per trenta secondi, poi avvolgete ogni croccante di grana attorno al manico di una cucchiarella. Aspettate un minuto, toglieteli dal manico e lasciate che i vostri riccioli si raffreddino completamente.

PLUMCAKE AGLI ASPARAGI

Ingredienti

- 200 gr di farina integrale di tipo 2
- 250 gr di ricotta
- 30 ml di olio extravergine d'oliva
- 3 uova
- 1 bustina di lievito per torte salate
- Sale q.b.
- Pepe q.b.
- 200 gr di asparagi
- 50 gr di parmigiano

Preparazione

Lavate gli asparagi e tagliate la parte finale. Sbollentateli in acqua salata. In una terrina mescolate gli elementi secchi e poi aggiungete olio, ricotta e uova. Foderate con carta da forno uno stampo da plumcake, versate qualche cucchiaio d'impasto, adagiate quattro asparagi, ricoprite con altro impasto e con altri asparagi, e così via fino a esaurimento degli ingredienti. Spianate con le mani umide e cospargete di parmigiano grattugiato. Cuocete per quaranta minuti a 170°.

TORTINO CON POMODORINI E SEMI DI ZUCCA

Ingredienti

- 120 gr di farina di farro integrale
- 2 uova
- 1 scalogno
- 30 gr di semi di zucca
- 10 ml di latte di capra
- 10 ml di olio extravergine d'oliva
- 50 gr di grana grattugiato
- ½ cucchiaino di lievito in polvere per torte salate
- Sale q.b.
- Crusca d'avena q.b.
- Margarina q.b.
- Pomodorini secchi q.b.

Preparazione

Mescolate gli ingredienti secchi per bene in modo che il lievito, il sale e il grana si distribuiscano equamente. Incorporate le uova intere, il latte e l'olio. Pulite e tagliate a fettine lo scalogno e aggiungetelo all'impasto assieme ai semi di zucca. Passate un po' di margarina in alcuni stampi tondi e metteteci la crusca d'avena. Versate il composto nelle forme. Fate cadere sulla superficie i semi di zucca lasciati a parte. Cuocete a 180° per venti minuti, avendo cura di mettere una ciotola d'acqua nel forno. Servite il piatto accompagnato da pomodorini secchi.

STRUDEL DI PISELLI CON MOUSSE SALATA ALLO YOGURT

Ingredienti per la pasta matta

- 250 gr di farina 00
- 250 gr di farina integrale
- 300 ml di acqua
- 50 ml di olio di semi di girasole
- 10 gr di sale

Ingredienti per il ripieno

- 150 gr di piselli
- 1 scalogno
- 50 ml olio extravergine d'oliva
- 150 gr di tofu
- 30 gr di grana
- Sale q.b.

Ingredienti per la mousse

- 150 gr di feta
- 150 gr di yogurt greco
- Pepe nero q.b.
- Prezzemolo tritato q.b.
- Olio extravergine d'oliva q.b.

Preparazione

Preparate la pasta matta impastando gli ingredienti indicati. Avvolgetela nella pellicola trasparente e lasciatela riposare nel frigo. Fate appassire lo scalogno in una padella con l'olio, aggiungete i piselli, salateli e fateli cuocere per una quindicina di minuti. Lasciate raffreddare. Stendete la pasta dandole una forma rettangolare. Trasferitela sulla leccarda foderata di carta da forno. Adagiate sulla pasta le verdure e il tofu morbido che avrete lavorato con qualche cucchiaio di olio. Cospargete di grana e chiudete il rotolo dandogli la classica forma dello strudel. Spennellate la superficie di acqua e olio e infornate per trenta minuti a 170°. Nel frattempo, preparate la mousse. Tritate la feta e amalgamatela allo yogurt greco. Aggiungete il prezzemolo tritato con un cucchiaino di olio e pepe nero. Amalgamate bene il tutto con una forchetta e aggiustare con altro pepe, se necessario. Servite una fetta di strudel ai piselli con un po' di mousse allo yogurt.

ASTRO MENU

PRIMI

Orzotto con cicerchie e crudo croccante
Involtini di riso al glicine
Fettuccine con tartufo bianco e noci
Trofie con rucola, pomodorini e origano
Carbonara con bucatini e bresaola
Gnocchi con rafani e ricotta
Pennette con pesce spada e pesto di pinoli
Zuppa di cicoria e salsiccia
Bavette con mollica fritta e uva passa
Polenta con ragù di merluzzo

ORZOTTO CON CICERCHIE E CRUDO CROCCANTE

Ingredienti

- 300 gr di orzo perlato
- 100 gr di cicerchie secche
- Brodo vegetale q.b.
- 5 fette di prosciutto crudo
- 3 cucchiai di parmigiano
- Burro q.b.
- Olio d'oliva extravergine q.b.
- Pepe q.b.

Preparazione

Mettete in ammollo in acqua fredda le cicerchie per una notte intera. Il giorno dopo sciacquatele, ponetele in una pentola con abbondante acqua e fatele lessare per due ore. Nel frattempo mettete a bagno l'orzo per due ore, poi sciacquatelo e cuocetelo, come se fosse un risotto, per circa un'ora. Versate un filo d'olio in una casseruola e aggiungete l'orzo, bagnando con del brodo caldo. Quando le cicerchie saranno cotte, frullatene una parte e aggiungete la crema all'orzo quando sarà a metà cottura. Tenete da parte un po' di cicerchie intere. A cottura ultimata, mantecate l'orzotto con una noce di burro e il parmigiano grattugiato. Incorporatevi i legumi rimanenti. Fate rosolare in padella le fette di crudo finché non saranno croccanti. Impiattate l'orzo con i legumi insieme alle fettine di crudo croccante, irrorando con un filo d'olio e insaporendo a piacere con un po' di pepe.

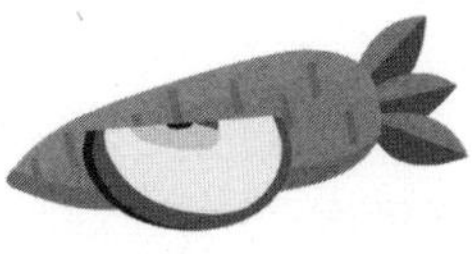

INVOLTINI DI RISO AL GLICINE

Ingredienti

- Zenzero q.b.
- Riso bianco q.b.
- 4 sfoglie di riso
- Petali di glicine q.b.
- Coriandolo q.b.
- Olio extravergine d'oliva q.b.
- Salsa di soia q.b.

Preparazione

Arrotolate del riso condito con un filo d'olio e un pizzico di zenzero, nelle apposite sfoglie di riso bagnate. Cospargete tutto di petali di glicine e foglie di coriandolo spezzettate con le mani. Servite gli involtini con una ciotolina colma di salsa di soia.

FETTUCCINE CON TARTUFO BIANCO E NOCI

Ingredienti

- 500 gr di fettuccine
- Tartufo bianco q.b.
- 300 gr di noci
- 200 gr di panna da cucina
- Olio extravergine d'oliva q.b.
- Sale q.b.
- Aglio q.b.
- Peperoncino q.b.

Preparazione

In una padella preparate il soffritto con aglio, olio e peperoncino. Aggiungete la panna con mezzo bicchiere di acqua. Mescolate bene. Tritate le noci e unitele alla panna, lasciandone un po' da parte. Amalgamate il tutto e nel momento in cui la panna inizierà a bollire, spegnete il fuoco. Cuocete le fettuccine, scolatele e unitele alla salsa preparata mescolando bene. Impiattate e spolverate con le noci rimaste e un po' di tartufo bianco grattugiato.

TROFIE CON RUCOLA, POMODORINI E ORIGANO

Ingredienti

- 300 gr di trofie
- Rucola q.b.
- 4 acciughe salate
- Olio extravergine d'oliva q.b.
- Aglio q.b.
- Peperoncino q.b.
- 10 pomodorini
- Pangrattato q.b.
- Origano q.b.

Preparazione

Preriscaldare il forno a 250°, tagliate i pomodorini a metà e disponeteli su una teglia coperta di carta da forno. Conditeli con olio, sale, una spolverata di pangrattato e origano e infornateli per circa venti minuti, fino a quando saranno belli dorati. Eliminate i gambi dalle foglie di rucola, lavatela bene e lasciatela asciugare in uno scolapasta.

Preparate un soffritto con aglio, olio, peperoncino e le alici pulite e spezzettate. Aggiungete la rucola e saltatela per qualche minuto. Cuocete le trofie, scolatele e ripassatele in padella con il soffritto, unendo i pomodorini cotti al forno. Mantecate per un paio di minuti e servite con una spolverata di origano.

CARBONARA CON BUCATINI E BRESAOLA

Ingredienti

- 110 gr di bresaola a cubetti
- 2 tuorli
- 1 uovo grande
- 150 gr di parmigiano grattugiato
- 1 cucchiaino di pepe fresco
- 340 gr di bucatini
- Sale q.b.

Preparazione

Fate bollire un po' d'acqua. Aggiungete un pizzico di sale. Poi, in una padella, cuocete la bresaola per farla diventare croccante. Non eccedete i sette minuti. Mettete i tuorli, l'uovo, il pepe e il parmigiano in una ciotola. Cuocete la pasta e scolatela tenendo da parte una tazza d'acqua di cottura. Mettete la pasta nella ciotola con l'impasto a base di uova e mescolatela bene. Unite la bresaola croccante, mescolate ancora una volta e poi versate l'acqua di cottura al fine di creare una crema. Un pizzico di sale, di pepe e di parmigiano et voilà... il gioco è fatto!

GNOCCHI CON RAFANI E RICOTTA

Ingredienti

- 400 gr di gnocchi
- 20 gr di rafani selvatici
- 60 gr di burro
- 1 scalogno
- 50 gr di grana grattugiato
- 100 gr di ricotta
- Aglio q.b.
- Olio extravergine di oliva q.b.
- Peperoncino q.b.

Preparazione

In una padella preparate un soffritto con aglio, olio e peperoncino. Aggiungete i rafani tagliati a pezzetti e fate cuocere per un po'. Tritare finemente lo scalogno e soffriggete il tutto in una casseruola con il burro. Cuocete gli gnocchi, scolateli e mantecateli con i rafani e lo scalogno. A cottura quasi ultimata, aggiungere la ricotta tagliata a cubetti. Mescolate con cura. Togliere dal fuoco e mantecare con una noce di burro e il formaggio grattugiato.

PENNETTE CON PESCE SPADA E PESTO DI PINOLI

Ingredienti
- 300 gr di pennette
- 1 trancio di pesce spada grande
- 10 pomodorini pachino
- Peperoncino q.b.
- Olio extravergine d'oliva q.b.
- Basilico q.b.
- Sale q.b.
- Aglio

Ingredienti per il pesto
- 150 gr di rughetta selvatica
- 30 gr di pinoli
- 30 gr di mandorle
- 10 gr di basilico
- 50 gr di parmigiano reggiano
- 1 bicchiere di olio extravergine d'oliva
- 1 lime
- Sale q.b.

Preparazione
Preparate un soffritto con aglio, olio e peperoncino, tagliate a cubetti il pesce spada e mettetelo su fuoco medio. Quando sarà quasi cotto, lasciatelo raffreddare. In un'insalatiera tagliate i pachino a metà, conditeli con abbondante olio d'oliva, salate, aggiungete le foglie di basilico e mescolate bene. Cuocete le pennette, scolatele e versatele nell'insalatiera. Mantecatele bene e unite il pesce spada. Nel frattempo, lavate la rughetta, togliete i gambi, e asciugatela. Passatela insieme agli altri ingredienti al mixer, unite il succo di lime e mezzo

bicchiere d'olio. Tritate bene fino a ottenere un pesto denso e cremoso. Condite la pasta con il pesto, aggiungendo un cucchiaio di acqua di cottura per amalgamare meglio la salsa.

ZUPPA DI CICORIA E SALSICCIA

Ingredienti

- 400 gr di patate
- 2 carote gialle
- 5 pomodori freschi
- 1 sedano
- 60 gr di cicoria
- Sale q.b.
- 300 gr di salsiccia secca
- Pane casareccio q.b.

Preparazione

In una pentola d'acqua mettete le patate sbucciate e tagliate in pezzi, le carote grattate e tagliate in filetti, il sedano a pezzettini, i pomodori pelati privi dei semi e il sale. Fate bollire per circa un'ora. In una padella, mettete la salsiccia tagliata a tocchetti e fatela soffriggere per qualche minuto. Intanto pulite e lavate la cicoria, lessatela in acqua leggermente salata, scolatela, passatela in acqua fredda, fatela nuovamente scolare e unitela agli ortaggi in cottura. Aggiungete anche la salsiccia. In una scodella, mettete due fettine di pane abbrustolito, versate la zuppa di cicoria e salsiccia.

BAVETTE CON MOLLICA FRITTA E UVA PASSA

Ingredienti

- 300 gr di bavette
- 60 gr di uva sultanina
- 1 melanzana
- 4 cucchiai di pangrattato
- 1 spicchio d'aglio
- Olio extravergine d'oliva q.b.
- 1 cucchiaio di prezzemolo tritato
- Sale q.b.
- Pepe nero q.b.
- 1 bicchiere di vino bianco

Preparazione

Riempite una pentola d'acqua e mettetela sul fuoco fino a farla giungere a ebollizione. Nel frattempo, fate dorare lo spicchio d'aglio in una padella con un po' d'olio. Quando l'aglio avrà assunto un bel colore dorato toglietelo e versate nell'olio il pangrattato. Rigirate il pangrattato con un cucchiaio di legno finché non si sarà abbrustolito, quindi toglietelo dal fuoco e conditelo con un po' di sale e del pepe macinato. Mettete l'uva sultanina in ammollo nel vino bianco. Spuntate la melanzana, lavatela e asciugatela bene, tagliatela a dadini e friggetela in una padella con dell'olio bollente. Quando i dadini di melanzana saranno pronti, scolateli, posateli su della carta assorbente e salateli leggermente. Fate cuocere le bavette nell'acqua bollente leggermente salata, scolate la pasta e versatela in una zuppiera. Scolate e strizzate l'uva passa e aggiungetela, insieme alle melanzane, alla pasta. Spargete il prezzemolo e il pangrattato fritto. Versate un filo d'olio, rigirate per bene le bavette e servitele calde.

POLENTA CON RAGÙ DI MERLUZZO

Ingredienti
- 3 filetti di merluzzo
- 2 cipolle
- 5 cucchiai di olio d'oliva
- Prezzemolo tritato q.b.
- 1 sugo di pomodoro
- Farina bianca q.b.

Ingredienti per la polenta
- ½ kg di farina gialla
- Acqua q.b.
- Sale q.b.
- 3 cucchiai olio d'oliva

Preparazione
Tagliate il merluzzo a tocchetti, lavatelo e lasciatelo a bagno per circa dieci ore. Sciacquatelo sotto l'acqua fredda lasciandolo in ammollo per venti minuti, asciugatelo, infarinatelo e friggetelo. Sbucciate le cipolle, tagliatele a fettine e fatele stufare nell'olio. Aggiungete il merluzzo e cuocete a fuoco lento per quindici minuti. Scaldate il forno e mettere il merluzzo coperto con sugo di pomodoro e prezzemolo per una decina di minuti. Mettete sul fuoco una pentola con l'acqua, portatela a ebollizione, aggiungete olio e sale, la farina gialla a pioggia e mescolate bene. Una volta pronta, servite la polenta con il ragù di merluzzo.

ASTRO MENU

SECONDI

Arista di maiale con granella di nocciole
Gamberi gratinati al coriandolo
Arrosto al profumo di pink lady
Calamari speziati al cardamomo
Acciughe in salsa verde
Omelette con lattuga e maggiorana
Fegatini di pollo agrumati
Capesante con crescione
Pesce lupo con nocciole e balsamico
Crocchette di legumi con crema all'erba cipollina

ARISTA DI MAIALE CON GRANELLA DI NOCCIOLE

Ingredienti

- 1 kg di arista di maiale
- 30 gr di burro
- 200 gr di nocciole tostate
- 1 cucchiaio di olio extravergine d'oliva
- 1 spicchio d'aglio
- 1 rametto di rosmarino
- 1 foglia di alloro
- 1 bicchiere di panna liquida
- 1 tazza di brodo
- Sale q.b.
- Pepe q.b.

Preparazione

In una teglia fate rosolare l'arista con burro, olio, aglio, rosmarino e alloro. Lasciatela dorare a fuoco vivo, quindi togliete gli aromi, irrorate con un po' di brodo, salate, pepate e passare la teglia in forno a 200° per un'ora circa. Mentre prosegue la cottura, unite il restante brodo rigirando la carne. Verso fine cottura, aggiungete le nocciole tostate e tritate in precedenza. Filtrate il sugo di cottura, fatelo addensare per qualche istante, infine versatelo sulle fettine di carne e servite.

GAMBERI GRATINATI AL CORIANDOLO

Ingredienti

- 1 kg di gamberi
- 3 spicchi d'aglio
- 2 lime
- 2 cucchiai di burro fuso
- 1 cucchiaino di cumino
- 1 tazza di pangrattato
- 1 cucchiaino di coriandolo
- Foglie di coriandolo q.b.

Preparazione

Preriscaldate il forno a 200°. Mettete i gamberi sgusciati e lavati in una ciotola e aggiungete l'aglio, la scorza grattugiata e il succo di un lime, il cumino, un pizzico di sale e pepe. Mescolate bene. Ungete una teglia da forno e trasferitevi i gamberi. Da parte mescolate il pangrattato, il burro fuso e il coriandolo tritato. Cospargete il tutto sui gamberi, girate e infornate per circa venti minuti. Guarnite con qualche fogliolina di coriandolo fresco.

ARROSTO AL PROFUMO DI PINK LADY

Ingredienti

- 1 kg di lonza di maiale
- 2 mele Pink Lady
- 2 cucchiai di zucchero di canna
- 4 chiodi di garofano
- ½ cucchiaio di senape in polvere
- 10 grani di pepe nero

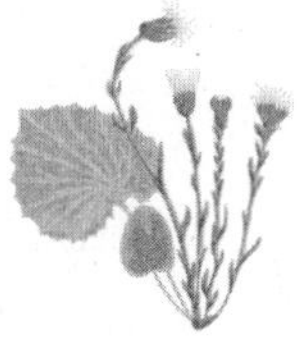

- 1 bicchiere di brodo vegetale
- 2 bicchieri di vino rosso
- Olio extravergine d'oliva q.b.
- Sale q.b.
- Pepe q.b.

Preparazione

Salate e pepate leggermente la carne, arrotolatela, legatela con lo spago bianco da cucina e fatela rosolare in un tegame con due cucchiai d'olio caldo. Nel frattempo portate a ebollizione il vino e il brodo con i chiodi di garofano, la senape, lo zucchero, il sale e i grani di pepe pestati. Togliete la carne dal recipiente, adagiatela in una pirofila, salate e pepate. Disponete tutt'intorno le mele sbucciate e tagliate a cubetti. Irrorate con il vino caldo, coprite con la carta d'alluminio e mettete in forno preriscaldato a 200°. Dopo venti minuti, abbassate a 180° e cuocete per circa un'ora, bagnando l'arrosto con il sugo di cottura. A quindici minuti dalla fine, togliete la carta d'alluminio e proseguite la cottura a recipiente scoperto. Ritirate, sgocciolate la carne e lasciatela riposare. Passate la salsa al colino per ottenere un composto caramellato. Regolate di sale e pepe. Eliminate lo spago dalla carne, tagliatela a fettine, disponetele su un piatto da portata e irroratela con la salsa calda.

CALAMARI SPEZIATI AL CARDAMOMO

Ingredienti

- 500 gr calamari surgelati
- 20 pomodori datterini gialli
- 200 gr di fagiolini
- Aglio q.b.
- Sale q.b.
- Olio extravergine di oliva
- 1 cucchiaino di cardamomo in polvere

Preparazione

Lasciate scongelare i calamari. Lavate e pulite i fagiolini, sbollentateli. Lavate i datterini. Su una leccarda coperta da carta da forno disponete i datterini e i fagiolini. Irrorateli con olio e passateli nel forno a 120° per quaranta minuti. In una padella fate cuocere i calamari con olio, sale, aglio e cardamomo. Serviteli caldi con la verdura confit.

ACCIUGHE IN SALSA VERDE

Ingredienti

- 200 gr di acciughe
- 1 mazzetto di prezzemolo
- 1 peperoncino piccante
- 1 spicchio d'aglio
- 1 cucchiaio d'aceto
- 1 bicchiere di olio d'oliva
- Mollica di pane

Preparazione

Passate le acciughe sotto l'acqua corrente aprendole lungo la pancia e togliendo la lisca. Lasciatele scolare bene. Pulite lo spicchio d'aglio e tritatelo con il coltello. Tritate anche il prezzemolo e unite il tutto all'olio d'oliva. Mettete la mollica di pane in un recipiente e bagnatela con l'aceto, poi aggiungetela al prezzemolo e all'aglio. Aggiungete il peperoncino tritato. Disponete le acciughe in un contenitore e ricoprite ogni strato con il composto verde. Fate riposare le acciughe per almeno ventiquattro ore, in modo che assorbano bene il sapore della salsa. Servite con fette di pane tostato.

OMELETTE CON LATTUGA E MAGGIORANA

Ingredienti

- 2 cucchiai di pecorino
- 1 pizzico di sale
- 2 cucchiai di olio d'oliva
- 100 gr di lattuga romana
- 4 uova
- 1 manciata di pepe
- Maggiorana q.b.

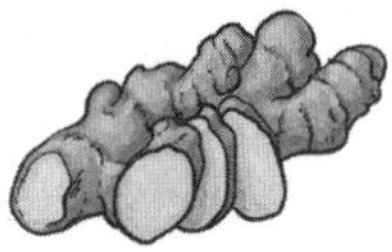

Preparazione

Dopo aver mondato la lattuga eliminando le foglie esterne e conservando la parte interna più tenera, tagliatela a rondelle sottili. In una ciotola sbattete le uova con il pecorino grattugiato, maggiorana, sale e pepe, quindi aggiungete il cuore di lattuga. Versate un po' d'olio in una padella, scaldatelo e versatevi il composto di uova e lattuga. Fate cuocere la frittata da entrambe le parti e servitela calda.

FEGATINI DI POLLO AGRUMATI

Ingredienti

- 300 gr di fegatini di pollo
- 100 gr di petto di pollo
- 1 uovo
- 1 cipolla
- 30 gr di burro
- Salvia q.b.
- Sale q.b.

Ingredienti per la salsa

- 220 gr di gelatina di pere
- 1 succo di pompelmo
- 1 scorza di limone
- 1 scorza di pompelmo
- 1 cucchiaino di senape in grani
- Zafferano q.b.

Preparazione

Tritate il petto di pollo e la cipolla. Fateli stufare nel burro. Unite i fegatini tagliati grossolanamente, un pizzico di salvia e fate cuocere per un paio di minuti. Unite l'uovo, aggiustate di sale e tenete da parte. Accendete il forno a 180°. Foderate una terrina e riempitela con il composto di carne. Sfornatela e lasciatela freddare. Nel frattempo, preparate la salsa agli agrumi. Scaldate la gelatina con il succo di pompelmo e la scorza di agrumi grattugiata. Unite la senape e lo zafferano. Spegnete, versate la salsa sulla carne e fate raffreddare.

CAPESANTE CON CRESCIONE

Ingredienti

- 30 capesante
- Crescione q.b.
- Burro q.b.
- Sale q.b.
- Pepe q.b.

Preparazione

Condite le capesante con sale e pepe e rosolatele su ambo i lati in una padella antiaderente con un po' di burro. Mettetele in un piatto e guarnitele con alcune foglie di crescione.

PESCE LUPO CON NOCCIOLE E ACETO BALSAMICO

Ingredienti

- Sale q.b.
- Pepe q.b.
- 100 gr di nocciole
- 100 gr di portulaca
- Aceto balsamico q.b.
- Olio extravergine d'oliva q.b.

Preparazione

Tagliate il pesce lupo in filetti. Conditeli con sale e pepe e fateli rosolare con un po' di olio extravergine d'oliva. Ultimate la cottura in forno a 145°. Tostate le nocciole, fatele raffreddare e tritatele grossolanamente. Disponete il pesce su un piatto. Irroratelo con un filo d'olio e di aceto basilico. Spolverate con le nocciole tostate e le foglie di portulaca.

CROCCHETTE DI LEGUMI CON CREMA ALL'ERBA CIPOLLINA

Ingredienti

- 500 gr di legumi lessati (fagioli, piselli, lenticchie, ceci)
- 1 uovo
- 1 patata letta
- 20 gr di parmigiano
- 2 cucchiai di pangrattato
- 1 spicchio d'aglio
- 1 cipolla
- Prezzemolo q.b.
- Noce moscata q.b.
- Sale q.b.

Ingredienti per la crema

- 1 vasetto di yogurt bianco
- 1 cucchiaio di senape
- Erba cipollina q.b.

Preparazione

Unite i legumi e insaporiteli in una padella con uno spicchio d'aglio e con la cipolla tritata. Passateli al passaverdura assieme alla patata lessata a pezzi. Versate il composto in una ciotola e aggiungete l'uovo, il parmigiano, poco sale, il pangrattato e impastate bene. Formate quindi delle palline, passatele nel pangrattato, disponetele su di una teglia ricoperta con carta da forno. Infornate a 180° per venti minuti. Nel frattempo preparate la salsa mescolando lo yogurt bianco denso, un po' di senape e di erba cipollina tritata. Servite le crocchette con la crema.

CONTORNI

Carciofi e patate al limone
Lattuga con prugne e noci
Cetrioli al sesamo bianco
Radicchio croccante
Asparagi all'occhio di bue
Sedano al profumo di olive
Cicoria al sugo di pancetta e pomodori
Rape stufate con schiacciatina alle bietole
Insalata di tarassaco, arancia e fiori
Pomodori verdi con basilico, pepe rosa e pistacchi

CARCIOFI E PATATE AL LIMONE

Ingredienti

- 4 carciofi
- 1 succo di limone
- 2 patate
- Pangrattato q.b.
- Pecorino grattugiato q.b.
- Prezzemolo q.b.
- 1 spicchio di aglio
- Olio extravergine d'oliva q.b.
- Sale q.b.
- Pepe q.b.
- 1 scorza di limone

Preparazione

Mondate i carciofi, togliete le foglie dure e le punte, tagliateli in spicchi e metteteli a bagno in acqua con succo di limone. Spellate, lavate e affettate le patate. Ungete una tortiera, spolverizzatela di pangrattato, disponete a strati i carciofi scolati e le patate, distribuendo su ogni strato il trito di prezzemolo e aglio, un filo d'olio, sale e pepe, e bagnando d'acqua e cospargendo la scorza di limone. Proseguite fino a esaurimento degli ingredienti, terminando con pangrattato e olio. Mettete in forno a 220° per quarantacinque minuti.

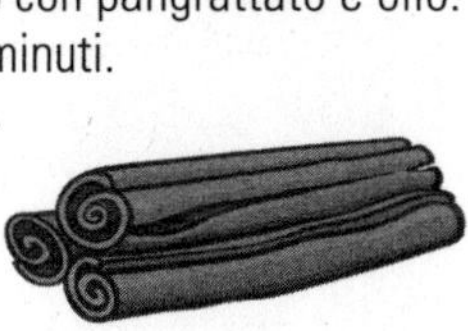

RADICCHIO CROCCANTE

Ingredienti
- 2 cespi di radicchio
- 100 gr di lardo di maiale
- 3 cucchiai di olio extravergine d'oliva
- Aceto q.b.

Preparazione
Pulite, lavate e asciugate il radicchio e disponetelo in una terrina. Scaldate in una padella dell'olio e quando sarà ben caldo gettatevi i pezzetti di lardo. Cuoceteli per circa cinque minuti fino a quando non saranno diventati croccanti. Nel frattempo condite il radicchio con l'olio e l'aceto. Versate infine sul radicchio il lardo croccante.

LATTUGA CON PRUGNE E NOCI

Ingredienti
- Lattuga q.b.
- 10 prugne
- 10 noci
- Olio extravergine d'oliva q.b.
- 1 stracchino
- Pepe verde q.b.
- Noce moscata q.b.

Preparazione
Tagliare la lattuga a julienne. Tagliate le prugne a mezze lune, unite i gherigli di noci pelate. Condite con un filo di olio e servire con dello stracchino e qualche chicco di pepe verde fresco. Terminate con una grattugiata di noce moscata.

CETRIOLI AL SESAMO BIANCO

Ingredienti

- 4 cetrioli
- 3 cucchiai di semi di sesamo bianchi
- 2 cucchiai di aceto di riso
- 1 cucchiaio di sale
- 1 cucchiaino di olio di sesamo
- 1 cucchiaino di miele
- 1 cucchiaio di zenzero fresco tritato

Preparazione

Sbucciate i cetrioli e tagliateli a fettine sottili. Metteteli in un colino con il sale, girate bene e lasciateli scolare per un'ora. Tostate i semi di sesamo in una padella a fuoco dolce. In una ciotola preparate un'emulsione con aceto, olio, miele e zenzero. Sciacquate i cetrioli sotto acqua corrente fredda e tamponateli con della carta assorbente. Conditeli con l'emulsione e i semi di sesamo tostati.

ASPARAGI ALL'OCCHIO DI BUE

Ingredienti
- 2 uova
- 2 cucchiai di parmigiano reggiano grattugiato
- Pepe nero q.b.
- 1 kg di asparagi

Preparazione
Dovete cuocere gli asparagi in piedi, previa loro pulitura, immersi nell'acqua fino all'inizio della parte verde. Disponeteli a raggiera su un piatto con le punte verso il centro e coperte con le uova cotte all'occhio di bue e spolverizzate con abbondante formaggio grana grattugiato e pepe nero.

SEDANO AL PROFUMO DI OLIVE

Ingredienti
- 1 sedano verde
- 100 gr di olive nere
- 8 cipollotti
- 3 cucchiai pangrattato
- 2 cucchiai olio d'oliva
- Sale q.b.
- Pepe q.b.

Preparazione
Tagliate il sedano a tocchetti. Lessatelo per dieci minuti in acqua salata. Scolatelo e mettetelo in una terrina. Lasciatelo intiepidire. In un tegame scaldate due cucchiai d'olio con un po' d'acqua

e fatevi appassire a fuoco basso i cipollotti tagliati a velo. Salate e pepate. Ungete una pirofila, sistematevi i sedani, ricoprite con i cipollotti e le olive snocciolate, cospargete tre cucchiai di pangrattato e mettete in forno a 200° per quindici minuti.

CICORIA AL SUGO DI PANCETTA E POMODORI

Ingredienti

- 1 kg di cicoria
- 100 gr di pancetta
- 300 gr di pomodori
- Aglio q.b.
- Olio extravergine d'oliva q.b.

Preparazione

In una pentola lessate la cicoria. In una padella, fate soffriggere i pomodori con olio, pancetta e aglio, aggiungendo un bicchiere d'acqua. A cottura ultimata mescolare la cicoria con il sugo e servite.

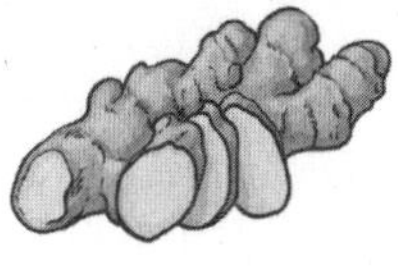

RAPE STUFATE CON SCHIACCIATINA ALLE BIETOLE

Ingredienti per la schiacciatina

- 300 gr di farina integrale
- 200 ml di acqua
- 50 ml di olio d'oliva
- 1 cubetto di lievito di birra
- 20 gr di sale
- zucchero integrale q.b.
- 200 gr bietole

Ingredienti per le rape stufate

- 2 kg di cime di rape
- 2 dl di olio extravergine d'oliva
- 1 spicchio di aglio
- 2 foglie di alloro
- Sale q.b.

Preparazione

Lavate le bietole e tagliateli a listarelle. Fate rinvenire il lievito nell'acqua tiepida zuccherata. Quando sarà attivato vuotatelo n una terrina con farina, olio e sale. Lavorate fino a ottenere un impasto compatto. Coprite e lasciate riposare per un'ora. Dividete l'impasto in panetti. Spianateli con il mattarello. Mettete al loro interno le bietole. Chiudeteli e cuoceteli in una padella leggermente unta d'olio d'oliva. Dopodiché, mondate e lavate le cime di rape. Dorate in una casseruola l'aglio intero nell'olio, unite l'alloro e le cime di rape appena sgocciolate. Aggiungete un pizzico di sale, rigirate velocemente, coprite con un coperchio e cuocete a fuoco lento per quindici minuti. Al momento di servire, sistemare nei piatti le cime di rape stufate con a fianco la schiacciatina.

INSALATA DI TARASSACO, ARANCIA E FIORI

Ingredienti

- 400 gr di foglie di tarassaco
- 80 gr di lardo
- Aceto di vino bianco q.b.
- Sale q.b.
- Pepe q.b.
- 1 cespo di lattuga
- 1 cetriolo
- 1 arancia
- Fiori di glicine q.b.
- Olio extravergine di oliva q.b.

Preparazione

Rosolate in padella il lardo con un pizzico di sale, olio e pepe. Sfumate con l'aceto. Poi aggiungete le foglie di tarassaco. Unite il tutto all'insalata. Irrorate con olio. Aggiungete il cetriolo affettato e qualche spicchio di arancia. Decorate con una manciata di fiori di glicine.

POMODORI VERDI CON BASILICO, PEPE ROSA E PISTACCHI

Ingredienti

- 1 tazza di pistacchi tostati
- 1 scalogno
- 2 cucchiai di capperi
- 2 cucchiai di aceto di mele
- 2 cucchiaini di zucchero
- 1 cucchiaino di pepe rosa
- 2 cucchiai di olio extravergine d'oliva
- Sale q.b.
- 3 pomodori verdi
- Foglie di basilico q.b.

Preparazione

Tritate i pistacchi e i capperi grossolanamente, affettate lo scalogno e unite il tutto agli altri ingredienti, tenendo da parte i pomodori e il basilico. Mettete la salsa in frigo e lasciatela riposare per un'ora. Tagliate i pomodori e disponeteli su un piatto. Irrorateli con un filo d'olio e cospargeteli con la salsa. Guarnite con il basilico e servite.

ASTRO MENU

DOLCI

Cheesecake alle fragole
Frappè mille gusti
Minicake di prugne, datteri e mandorle
Crostata di visciole e frutti di bosco
Ciambellone con mele e amaretti
Delizia di savoiardi con mousse d'orzo e pinoli
Cioccocaffè aromatizzato alle spezie
Sbriciolata con passito
Fiori fritti in pastella
Biscotti all'angelica

CHEESECAKE ALLE FRAGOLE

Ingredienti

- 4 biscotti digestive
- 1 formaggino spalmabile
- 100 gr di ricotta fresca
- 1 cucchiaio di yogurt intero
- 1 cucchiaio di zucchero
- 6 fragole

Preparazione

In una ciotola lavorate la ricotta con lo zucchero, lo yogurt e il formaggino usando un frullino elettrico. Sbriciolate i biscotti sul fondo di una ciotola e unite un cucchiaio del composto per amalgamarli. Versate sul fondo di uno stampo per dolci e schiacciate formando uno strato sottile. Unite il composto di ricotta e formaggino. Mettetelo in freezer per almeno un'ora. Guarnite con le fragole a fette.

FRAPPÈ VARIEGATI

Ingredienti per frappè alla banana e alla pesca

- 1 banana
- 1 formaggino spalmabile
- 2 dl di latte
- 1 pesca

Preparazione

Sbucciate la banana e tagliatela a tocchetti. Disponetela nel bicchiere del frullatore. Unite la pesca privata della buccia, il latte e il formaggino. Frullate a velocità media e servite subito.

Ingredienti per frappè ai fiori di sambuco

- 500 gr di fragole
- 250 gr di yogurt bianco
- 2 bicchieri di acqua
- 40 gr di succo di limone
- 150 gr di zucchero
- 10 corolle di fiori di sambuco
- 1 scorza di limone
- 1 scorza buccia d'arancia

Preparazione

Frullate le fragole con lo yogurt e riponete il composto in freezer. Nel frattempo, in un tegame, scaldate l'acqua con lo zucchero, la scorza d'arancia e di limone. Lasciate che il tutto raggiunga l'ebollizione e dopo una decina di minuti spegnete il fuoco, aggiungete i fiori di sambuco, coprite con un coperchio e lasciate in infusione per un paio d'ore. Filtrate il succo con un colino, unitelo al frullato freddo, mescolate per amalgamare bene.

MINICAKE DI PRUGNE, DATTERI E MANDORLE

Ingredienti

- 1 rotolo di pasta sfoglia già pronta
- 10 prugne
- 25 gr di mandorle
- 25 gr di datteri freschi macinati
- 75 gr di burro
- 75 gr di pangrattato

- 4 cucchiai di confettura di arance
- 3 cucchiai di zucchero di canna
- 1 limone
- Cannella in polvere q.b.

Preparazione

Tagliate le prugne a fette sottili e tritate le mandorle in un mortaio. In una terrina unite entrambe con tre cucchiai di marmellata di arance, due cucchiai di zucchero di canna, il succo del limone, un pizzico di cannella e i datteri in polvere. Mescolate e riponete in frigo. In una padella sciogliete un po' di burro e tostate il pangrattato, mescolando con un cucchiaio di legno. Doratelo, poi srotolate la pasta sfoglia e con il coppapasta ricavate dei dischi rotondi. Metteteli su una teglia foderata di carta da forno. Sciogliete il restante burro in un pentolino e spennellatene un po' sui cerchi di sfoglia, solo al centro. Cospargete sulla parte unta un po' di pangrattato. Riprendete il composto di prugne e dividetelo in parti uguali per ogni disco, disponendolo al centro. Ripiegate i bordi dei cestini. Sciogliete altri due cucchiai di marmellata in un pentolino, aggiungendo un po' d'acqua. Spennellatela sui cestini e spolverateli con un cucchiaio di zucchero di canna. Preriscaldate il forno a 180° e cuocete per circa trenta minuti. Una volta sfornati, lasciate intiepidire i cestini.

CROSTATA DI VISCIOLE E FRUTTI DI BOSCO

Ingredienti

- 300 gr di farina
- 1 uovo
- 2 tuorli
- 150 gr di zucchero

- 1 bustina di vanillina
- 1 limone
- 140 gr di marmellata di visciole
- 140 gr di marmellata di frutti di bosco

Preparazione

Su un tavolo da lavoro, disponete la farina a fontana e al centro aggiungete i tre tuorli, lo zucchero, la buccia grattugiata del limone e la vanillina. Impastate fino a ottenere un composto omogeneo. Formate un panetto, copritelo con un canovaccio e lasciate riposare l'impasto in un luogo fresco per trenta minuti. Con l'aiuto di un matterello stendete la pasta su un piano infarinato, ottenendo una sfoglia sottile. Imburrate una teglia e foderatela. Bucherellate la base con una forchetta e versateci la marmellata di visciole e quella di frutti di bosco, spalmandole in modo omogeneo con l'aiuto di un coltello. Con la parte restante dell'impasto formate delle striscioline di frolla, lavorandole con le mani sul ripiano infarinato. Mettetele incrociate sulle marmellate e ripiegate i bordi con cura. Montate l'albume a neve e spennellatelo sui bordi e sul reticolato. Scaldate il forno a circa 180° e cuocete per quaranta minuti.

CIAMBELLONE CON MELE E AMARETTI

Ingredienti per il ciambellone

- 1 mela
- 2 tuorli
- 2 albumi
- 40 gr di zucchero
- 40 gr di farina
- 50 gr di burro

- Cannella in polvere q.b.
- 10 amaretti
- Zucchero a velo q.b.

Preparazione

Tritare le mele in modo grossolano, amalgamate agli amaretti sbriciolati e aggiungete il burro. A parte montate i tuorli con lo zucchero, aggiungete la farina, la cannella, il composto di mele e amaretti e gli albumi montati a neve. Versate il composto in uno stampo per ciambellone e cuocete in forno preriscaldato a 160° per quindici minuti. Sfornate il ciambellone e guarnite con zucchero a velo.

DELIZIA DI SAVOIARDI CON MOUSSE D'ORZO E PINOLI

Ingredienti

- 100 gr di savoiardi
- 250 gr di burro
- 150 gr di zucchero
- ½ litro di panna da montare
- 1 tazza grande di caffè d'orzo
- 30 gr di pinoli
- Orzo solubile q.b.

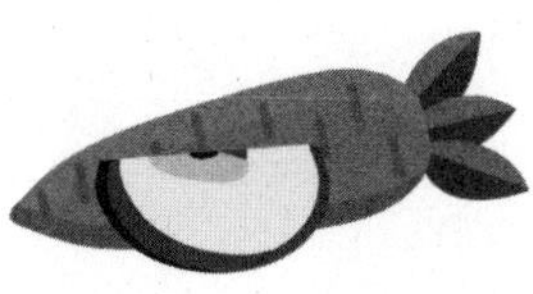

Preparazione

In una pirofila, stendere uno strato di savoiardi e bagnatelo con caffè d'orzo. A parte preparare una mousse formata da panna montata, burro e zucchero. Quando la mousse raggiungerà una certa consistenza, stendetela sullo strato di savoiardi e metteteci sopra i pinoli precedentemente tostati. Spolverizzare con un po' di orzo solubile.

CIOCCOCAFFÈ AROMATIZZATO ALLE SPEZIE

Ingredienti

- 125 gr di mandorle pelate
- 125 gr di zucchero semolato
- 100 gr di cioccolato fondente
- 100 gr di burro
- 1 gr di vanillina
- 3 uova fresche
- 13 gr di caffè in polvere
- Anice in polvere q.b.
- Cannella in polvere q.b.
- Cumino in polvere q.b.

Preparazione

Tostate le mandorle in forno a 220° per quindici minuti. Toglietele dal forno e lasciatele raffreddare. Abbassate la temperatura a 160°. Tritate le mandorle finissime, aggiungete lo zucchero, la vanillina, il cioccolato fuso e il burro. Infine amalgamate il caffè, i tuorli e gli albumi montati a neve con l'anice, il cumino e la cannella. Versate il composto dentro gli stampini per muffin imburrati, e infornate per trenta minuti.

SBRICIOLATA CON PASSITO

Ingredienti per la sbriciolata

- 300 gr di mandorle
- 300 gr di farina
- 200 gr di zucchero
- 200 gr di burro
- 2 tuorli
- 1 bustina di vanillina
- 1 scorza di limone

Ingredienti per lo zabaione al passito

- 200 gr di tuorli
- 180 gr di zucchero semolato
- 50 cl circa di vino bianco
- 50 cl circa di vino passito

Preparazione

Rovesciate la farina, insieme allo zucchero e alle mandorle, su una spianatoia. Create un incavo e al centro unite le uova, il burro, la vanillina e la scorza di limone. Impastate e poi stendete su una teglia il composto. Sbriciolate il composto con le mani. Cuocete in forno a 160° per cinquanta minuti. Nel frattempo, in una pentola unite tutti gli ingredienti per fare lo zabaione e cuocete la crema a bagnomaria, continuando a mescolare con l'aiuto di una frusta. Montate bene la crema per circa dieci minuti fino a farla diventare spumosa. Servite la sbriciolata con lo zabaione.

FIORI FRITTI IN PASTELLA

Ingredienti

- 2 grappoli di fiori di glicine
- 3 grappoli di fiori d'acacia
- 150 gr di farina 00
- 1 uovo
- 1 cucchiaio di zucchero
- Latte q.b.
- 1 scorza di limone
- 1 succo d'arancia
- 2 cucchiai di liquore Strega
- Sale q.b.
- 1 bustina di lievito secco
- 1 tazza di latte
- 1 cucchiaino di zucchero
- Olio di semi di arachide q.b.

Preparazione

In una tazza con un po' di latte e un cucchiaino di zucchero, sciogliete il lievito, lasciatelo riposare per qualche minuto. In una ciotola a parte, mettete la farina, l'uovo, il cucchiaio di zucchero, il latte, il limone grattugiato, il liquore e il succo d'arancia, un pizzico di sale e il lievito ormai sciolto. Amalgamate bene fino a ottenere una pastella liscia. Copritela e lasciatela lievitare. Lavate i fiori e asciugateli su un foglio di carta assorbente. Dividete la pastella in due ciotole, in una mettete i fiori di glicine, nell'altra quelli d'acacia. Scaldate l'olio e dopo aver mischiato i fiori alla pastella, prendetene delle cucchiaiate e fatele cadere nell'olio caldo. Friggeteli fino a doratura. Scolateli sulla carta assorbente e passateli nello zucchero.

BISCOTTI ALL'ANGELICA

Ingredienti

- Foglie e piccioli teneri di angelica q.b.
- 1 kg di farina bianca
- 700 gr di burro
- 250 gr di zucchero a velo
- 2 bustine di vanillina
- 4 uova
- Sale q.b.

Preparazione

Ammorbidite il burro lavorandolo e incorporatevi la farina, la vanillina, lo zucchero a velo e gli albumi, senza eccedere nell'impastare. Alla fine unite e amalgamate il trito fine di angelica. Fate riposare l'impasto in frigorifero. Preparate dei piccoli rotoli da passare nello zucchero e poi rimettete di nuovo in frigo. Ricavate dai rotoli dei dischetti da mettere in forno a 200° per una decina di minuti.

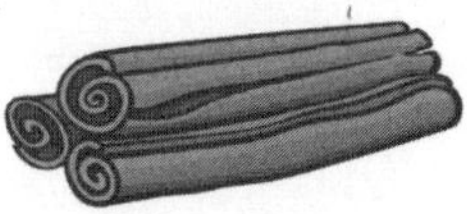

LA TAVOLA CELESTE

Avete mai provato a immaginare un sistema solare dentro una padella? Oppure avete mai suonato un'orchestra di bicchieri per dare il senso della musica che muove l'universo? Ebbene, durante le mie ricerche per mettere in piedi questo ricettario astrale sui generis, mentre mi muovevo tra mappe celesti, carte antiche, coordinate stellari e preparazioni gastronomiche, sono incappata in una vera e propria meraviglia, che vi consiglio di andare a vedere dal vivo con i vostri bambini. Sto parlando de *La tavola celeste*, un'installazione interattiva che racconta un viaggio poetico nell'astronomia attraverso un lungo tavolo costellato di oggetti provenienti dal mondo della cucina.

Considerando il fatto che di per sé la tavola è da sempre un luogo di raduno, di rituali collettivi, di condivisione, l'installazione rappresenta proprio il piano di lavoro di un grande cuoco che, con un'armoniosa danza di strumenti e utensili, cucina il tempo, apparecchia gli anni, ricerca e inventa portate da offrire al sapere popolare, in una dimensione in cui il "sapere" è anche un "aver gusto".

Di fondo, *La tavola celeste* intende risvegliare lo spirito dell'esploratore più che quello dello spettatore; stuzzicare la disponibilità a mettersi in gioco invece di alimentare il distacco dell'osservazione, offrendo un percorso di interazione con le cose fondato sul piacere derivante dagli stupori e dagli spiazzamenti che la quotidianità apparentemente più banale è in grado di offrire.

È un posto in cui il tempo trova bivacco, come un viandante che decide di riposare sotto le stelle; è uno strumento per convincere

« Un posto in cui il tempo
trova bivacco,
come un viandante
che decide di riposare
sotto le stelle. »

il tempo a fermarsi e dialogare con tutti per il tramite di oggetti familiari. Sulla tovaglia, infatti, potrete esplorare gli "oggetti satellite" e sotto il tavolo fare un'esperienza unica, ovvero scoprire l'origine del tempo, tra giochi di luce, antichi calendari e immagini mitologiche. E se il fisico non ve lo permette, in quanto impossibilitati a chinarvi, non preoccupatevi: con i vassoi-specchio riuscirete a spiare tutto. Inoltre, accomodandovi sulle sedie e sorseggiando con l'orecchio dei versi in rima, potrete far amicizia con filosofi, astronomi ed esploratori. Quindi, se avete voglia di approfondire questi dialoghi stellari, conoscere gli autorevoli commensali di questa avventura o semplicemente saperne di più su *La tavola celeste*, potete consultare il sito latavolaceleste.it e leggere l'intervista qui sotto. Le risposte sono di Sara Stolfi, responsabile dei percorsi museali e degli allestimenti de *La luna al guinzaglio*.

Come è nata l'idea de La tavola celeste?

La tavola celeste nasce dall'incontro fra il collettivo La luna al guinzaglio e Francesco Niccolini, autore per il teatro, format divulgativi per la tv e scrittore. Niccolini aveva visto alcuni allestimenti interattivi realizzati dal collettivo e ascoltato i racconti della mostra Le patamacchine. Decide così di donarci un testo al quale stava lavorando da un po', per raccontare le scoperte scientifiche sul tempo dal 1300 al 1700. Accogliamo la sfida di tradurre con l'arte lunare i tentativi dell'uomo di trovare un modo per misurare il tempo, fino all'invenzione dell'orologio con George Harrison.

L'incontro con Francesco Niccolini è stato un modo per dare slancio alla ricerca creativa che La luna al guinzaglio da tanti anni porta avanti sull'oggetto quotidiano e sull'oggetto rotto, come condensatore di emozioni, ricordi e come oggetto simbolico capace di attivare l'immaginazione verso la curiosità scientifica e artistica.

Ispirazioni?

L'ispirazione dell'allestimento interattivo viene da diversi filoni artistici, fra cui le grandi mappe di cuciture e tessuti di Maria Lai, i tableaux di Daniel Spoerri e le installazioni di Joseph Cornell, che allestiva piccoli universi dentro scatole e frigoriferi con oggetti di scarto. La ricerca, inoltre, non può prescindere dalla rivoluzione surrealista dell'objet trouvé.

Perché il connubio tra gastronomia e astronomia?

Il connubio è in realtà con lo spazio della tavola e con l'importanza che il luogo della convivialità dedicata al cibo assume in ogni società. Il momento dei pasti è sempre un momento di condivisione in famiglia, in comunità, a scuola, fra amici.

I momenti più importanti sono sempre segnati dalla condivisione di qualcosa da mangiare, per festeggiare, per onorare, per celebrare. La tavola, la mensa, è da sempre un luogo consacrato alla scansione della giornata, dei momenti importanti e dello stare insieme.

Sin dalla nascita il tempo della vita è scandito dallo spazio dedicato al cibo. Sin da piccoli i bambini imparano a scandire le giornate con i tempi del mangiare e capiscono che ci si prende cura di loro perché qualcuno dedica tempo alla cucina e alla preparazione non solo del pasto, ma anche dello spazio dove mangiare. La giornata inizia con la colazione, a metà mattinata si fa una pausa caffè/ricreazione, poi c'è il pranzo, la merenda e per chiudere la giornata la cena.

L'intuizione di raccontare le scoperte scientifiche sulla misurazione del tempo su una tavola, attraverso gli oggetti da cucina, ci sembrava una scelta condivisibile e appropriata per tradurre artisticamente un percorso scientifico così complesso e renderlo accessibile a tutti, anche ai bambini.

Dove è possibile vedere La tavola celeste?
La tavola celeste è ora nei depositi del MOON, il Museo Officina degli Oggetti Narranti e si può visitare solo su prenotazione.

« L'ispirazione dell'allestimento interattivo viene da diversi filoni artistici, fra cui le grandi mappe di cuciture e tessuti di Maria Lai, i tableaux di Daniel Spoerri e le installazioni di Joseph Cornell. »

Cosa vi affascina del cielo?

Il cielo è stato da sempre il punto di riferimento per esploratori e naviganti che affidavano la loro sorte allo studio degli astri e dei pianeti. Il cielo è stato il punto di riferimento per scandire il tempo, per immaginare il futuro, per fare previsioni e soprattutto per inventare la storia dell'uomo nell'universo, attraverso i miti disegnati nelle costellazioni, attraverso la magia dell'alternarsi di giorno e notte.

Il cielo è uno spazio indefinito, senza confini, di tutti, dove l'immaginazione può perdersi e dove la scienza trova gli appigli per nuove conquiste, spostando sempre più oltre l'orizzonte della conoscenza verso l'infinito.

E del mondo culinario?

Del mondo della cucina ci affascinano le infinite possibilità creative non solo di cibi provenienti da diverse culture, ma soprattutto la varietà inesauribile di abitudini sociali che si manifestano a tavola, i rituali di accoglienza, le convenzioni che cambiano con il passare del tempo, che mutano con le nuove conquiste e con le scoperte di nuove terre, nuovi mondi.

Abbiamo riflettuto a lungo su come è cambiato il nostro modo di mangiare prima e dopo la scoperta dell'America, di come sono cambiate alcune abitudini, ad esempio con l'arrivo del caffè, che non è solo una bevanda energizzante ma è diventata un rituale di accoglienza e convivialità.

Riflettiamo su come cambierà il nostro modo di stare insieme con il cambiare delle abitudini alimentari e viceversa come cambia il modo di mangiare in base ai diversi modi di relazionarsi, alle mutate condizioni climatiche ecc. L'universo culinario riflette prima di tutti i cambiamenti che si radicano nelle società perché mostra come l'uomo dà forma alla soddisfazione di un bisogno primario, che nello stesso tempo però riflette strutture sociali e relazionali complesse.

Non ultimo inoltre ci affascina il modo in cui il design e l'artigianato si occupano della produzione di oggetti che devono assolvere al compito di facilitare e celebrare la preparazione e il consumo del cibo, quindi siamo affascinati da tutti gli utensili che gravitano in questo universo e che mutano ovviamente nel tempo, offrendo una gamma di oggetti quotidiani vastissima e variegata.

Avete in mente dei progetti similari?

Dopo La tavola celeste abbiamo realizzato una mostra interattiva sul viaggio, attraverso abiti ricamati con costellazioni interattive grazie a una app, che però non riguarda il mondo culinario, ma l'universalità del corpo.

BIOGRAFIE

KELLY ARDENS

Ventiseienne sarda, ammette di essere Vergine ascendente Sagittario e, per quanto vi sforziate, non la vedrete mai con lo stesso colore di capelli. Cartomante, astrologa e appassionata da sempre di tutto ciò che c'è oltre al visibile. Ama e lavora per poter aiutare le persone nella loro crescita spirituale. Oltre a questo è un'artista, studentessa, ballerina e blogger della webzine *Pasionaria.it*.

MARIA CARLA ZAMPIERI

È stata insegnante di Lettere e Letteratura italiana nelle scuole medie e superiori; docente di Grafologia presso il Centro di Formazione Skill di Cagliari e presso la Scuola di Naturopatia Borry di Roma. Ha insegnato Storia della Grafologia e Grafologia dell'età evolutiva presso l'Istituto Seraphicum e presso l'Università LUMSA a Roma. Nell'ambito della psico-pedagogia e della grafologia ha tenuto diversi corsi nelle scuole elementari, medie e superiori, private e pubbliche. Ha inoltre collaborato per la grafologia dell'orientamento e del lavoro per alcune società di selezione e riqualificazione del personale. È stata relatrice in numerosi convegni e anche autrice di diverse pubblicazioni sia in ambito grafologico che psico-pedagogico e socio-religioso. Attualmente è perito grafologo presso il Tribunale di Roma. Svolge inoltre servizio come consulente familiare e coniugale presso il Centro La Famiglia di Roma.

ALESSANDRA MICHELI

Laureata in Scienze politiche con una tesi sull'antropologia del peacekeeping nel pensiero di Gregory Bateson, ha conseguito un master in Cooperazione economica culturale e diritti umani nell'Area mediterranea con riferimento al partenariato euro-mediterraneo nei trattati di Barcellona. È anche tecnico superiore per la mediazione culturale ed è specializzata in mediazione in ambito socio-abitativo. Ha pubblicato vari articoli su *Didaweb.net, Acro.it, Fuocosacro.it, Acam.it.* Ha pubblicato il saggio *I roghi delle streghe. Storia di un olocausto* (Caravaggio editore, 2008). Collabora con vari blog letterari (*Amiamo i nostri libri, Letture sale e pepe, Redazione coffa*). Da Novembre 2016 gestisce il blog *Les fleurs du mal* che si occupa di recensioni di libri, articoli letterari, di politica, di sociologia e di esoterismo, interviste e segnalazione editoriali.

ROBERTA LA PLACA

Nata con il mare davanti alla finestra, in una città che profuma di pesto e focaccia, da vent'anni i suoi occhi si riempiono di Tamigi. Fuggita a Londra per tre settimane per una vacanza/studio dopo il fallimento della società dove lavorava e il fidanzato medico scappato via con l'infermiera, ritorna a Genova a prendere una valigia più grossa per ripartire per Londra dove i mesi sono diventati anni. Quando le chiedono che lavoro fa, risponde: «Vendo sogni di vacanza». Il tango argentino le ha aperto la porta dell'arte. Ha iniziato a sentire il desiderio di scrivere partecipando a corsi di scrittura creativa alla Scuola Holden di Torino, e si è avvicinata alla recitazione frequentando diverse scuole a Londra e workshop estivi alla Paola Grassi di Milano. Amante della fotografia, non riesce a migliorare, perché non legge il libretto delle istruzioni e sbadiglia in classe. Quando le chiedono dove pubblica, risponde: «Su Facebook». Collabora con *UpsideDownMagazine.it* scrivendo racconti brevi e poesie.

MASSIMO VILLA

Nasce a Genova nel 1968. Ha pubblicato una raccolta di poesie (*Saraceni dagli occhi d'ardesia*, Ed. Della Rosa), un racconto su Urania (*Il rock uccide la vostra anima*, Mondadori), un noir a più mani (*Sapore di @lassio*, Fratelli Frilli) e un romanzo di fantascienza (*Frigo Leader*, ERGA), nonché molteplici articoli sui principali siti italiani di videogiochi fin dagli anni Novanta. Conduce e ha partecipato a diverse trasmissioni televisive di arte e spettacolo su alcune emittenti locali liguri e si occupa di eventi per una grande catena libraria italiana.

FRANCESCA LORUSSO

Figlia di un importante artigiano della moda e cresciuta a Milano nel suo laboratorio, dopo gli studi in cinema al DAMS di Bologna e in musica al Conservatorio Vivaldi di Alessandria, si è trasferita a Genova dove ha prima lavorato in ambito televisivo e ora insegna. Le passioni per il canto e la storia della moda e del costume trovano racconto in un diario internet settimanale (*ventialventi.it*), nel quale si rintraccia anche lo sguardo – ora disincantato e concreto, ora romantico e sognante – posato sulla vita dall'autrice. La scrittura per la rete ha progressivamente lasciato posto alla poesia, con partecipazioni a esibizioni poetiche declamate (slam poetry), e alla narrativa, con pubblicazioni su rivista e un progetto di romanzo

PAOLA NOSARI

È una coach e una formatrice. Utilizza gli strumenti e le tecniche della Programmazione Neurolinguistica e della Mindfulness per favorire nei suoi clienti la crescita e l'evoluzione che desiderano. Aiuta le persone a definire e raggiungere obiettivi personali e professionali e di fatto può essere anche definita Soul Doula. Lavora soprattutto sul tema del denaro come strumento di realizzazione dei propri sogni. Partecipa al Comitato Direttivo di Aura

Sviluppo Sostenibile, associazione di formatori, counsellor, coach, consulenti d'impresa e professionisti, che ha come obiettivo la creazione e promozione di percorsi trasformativi per le persone e le organizzazioni. Il suo sito ufficiale è *PaolaNosari.it*.

RAFFAELLA FENOGLIO

Ligure con radici piemontesi, la Fenoglio tiene un blog di cucina (*Tre civette sul comò – foodblog con l'indice glicemico al minimo*). È autrice di *Pan e Pumata* (Edizioni Zem), libro dedicato alla cucina del ponente ligure, di *Abbasso l'indice glicemico. 50+4 ricette per contenere l'IG mangiando bene* (Terra Nuova Edizioni) e di *Indice gliceamico. Ricette per vivere meglio, restare in forma e tenere sotto controllo il diabete* (Gribaudo). Quando non spadella, coltiva la passione per i romanzi per ragazzi e per l'infanzia. Ha pubblicato *Gala Cox e il mistero dei viaggi nel tempo* (Fanucci) e *Storia degli strani animali della fattoria dei Monaci Templari e del coraggio della piccola Nicole (e di Claude)* edito da Zem Edizioni. Con un gruppo di amiche ha fondato P.E.N.E.L.O.P.E. odv, associazione attiva per la parità di genere. Preferisce il porro alla cipolla, non usa teglie in silicone, odia pulire i carciofi, mangia preferibilmente pasta corta, ma molto al dente.

ELVIA GREGORACE

Giornalista pubblicista, laureata in Lettere Classiche con lode, è docente ordinario in un liceo capitolino. Calabrese DOC, fin da bambina dimostra attitudine per le attività artistiche nelle varie sfaccettature. Dedica una parte della sua vita, ben cinque lustri, al teatro sino alla scrittura e alla sceneggiatura di testi da lei creati e messi in scena con successo. Appassionata di cucina, consegue il titolo di chef, si avvicina alla cultura e alla conoscenza del vino con profondo interesse e meditato studio. Consegue il titolo di sommelier e diventa Master of Wine (Bibenda). Tiene lezioni in corsi per sommelier in diverse regioni della Penisola.

Visita cantine in Italia e all'estero, anche oltre oceano. Scrive di enogastronomia con interviste frizzanti a noti personaggi di cultura e dello spettacolo dei quali racconta il rapporto con il nettare di Bacco. Da ragazza rotaractiana, poi rotariana, viaggia molto e partecipa a progetti di beneficenza e stage culturali in diversi paesi europei, in Africa, Canada e negli Stati Uniti. Di carattere disinvolto, ha partecipato a puntate televisive del programma *Scherzi a parte* e ancora da opinionista per cinque anni alla trasmissione *L'arena* di Massimo Giletti. Sensibile, attratta dalla psicologia dei personaggi, scrive e pubblica il libro *Mister Gullotta, Leo my huge pumpkin* (Carratelli, 2016) che è una biografia, un viaggio, un diario, un romanzo che coinvolge il lettore a scoprire la sincerità dell'autrice rispettosa dei valori umani. Gestisce il blog *Iltritagonista.com.*

FRANCESCO LOMUSCIO

Nato a Roma il 14 maggio 1978, si diploma nel 1997 presso l'Istituto di Stato per la Cinematografia e la Televisione Roberto Rossellini, per poi svolgere dal 2001 l'attività di critico cinematografico. Consulente filmografico per il documentario *Le ombre della paura*, realizzato da J.N. Graphics e Gorebros e presentato al Festival di Venezia 2004 all'interno della sezione King of the B's, ha condotto per T9 lo spazio cinema di Naitt9 e vanta collaborazioni con *Filmup.com, Everyeye.it, Taxidrivers.it, Movietrainer.com, Horror mania, Necro, Ciak* e l'emittente tv *Horror Channel.* Attualmente è caporedattore del portale *Mondospettacolo.com.* Ha pubblicato nel 2013 il testo *Zombi – Oltre 900 titoli per non riposare in pace* (Universitalia), una guida su tutti i film dei morti viventi.

SIMONA SCIFO

Architetto milanese, progettista e interior designer. Attenta alla ricerca tra tecnologia, materiali, stile, design e contaminazione tra moda e arte contemporanea. Cultrice dell'architettura e del bello in ogni loro forma. Esperta nell'analisi dello spazio abitativo e commerciale, dagli interventi di tipo impiantistico al design project. Specializzata nell'home relooking e nella ridefinizione del layout dello spazio nell'ottica del rinnovo dell'immagine degli spazi abitativi, di quelli lavorativi e di quelli commerciali. Consulente Real Estate e Home stager.

SILVIA CASINI

Dopo la laurea in Lingue e Letterature Straniere, ha ricoperto il ruolo di project manager presso l'Istituto Internazionale per il Cinema e l'Audiovisivo dei Paesi Latini di Gillo Pontecorvo e Sandro Silvestri. Si è occupata di relazioni internazionali e della promozione dei film italiani all'estero. In seguito, si è specializzata in marketing strategico e ha iniziato a collaborare con diverse case di produzione e distribuzione cine-tv nel settore del product placement. Attualmente, è product placement & co-marketing manager per Echo Group s.r.l.. Negli anni, ha collaborato con diverse testate giornalistiche e siti web, come *Youmovies.it, DirettaNews.it, CheDonna.it, UniversoMamma.it, PianetaDonna.it, Girlpower.it, PianetaMamma.it, Tevere Notizie, Empire Magazine Italia, Vox Roma, Pink Italia Magazine*, ecc. Ha pubblicato *Magia e altri amori. Pensieri e micro-racconti strampalati alla fermata del treno* (Edda Edizioni), *L'appendifiabe* (Nadia Camandona editore), *Tutto in una notte* (Libro/mania), *Di magia e di vento* (Antonio Tombolini editore) e *Il gusto speziato dell'amore* (Leggereditore). Ha fondato Upside Down Magazine assieme a un gruppo di scrittrici italiane, dove si occupa di recensioni filmiche e letterarie.to *Upside Down Magazine* assieme a un gruppo di scrittrici italiane, dove si occupa di recensioni filmiche e letterarie.

Per consultare il nostro catalogo
visita il sito www.fanucci.it
e iscriviti alla newsletter
per essere continuamente aggiornato
sulle nostre pubblicazioni.
Seguici su:

e sul blog Leggereditore, www.leggereditore.it

Finito di stampare nell'aprile 2019 presso
CPI books GmbH, Eberhard-Finckh-Straße 61
89075 – Ulm, Germania